知識ゼロからプロセスがわかる！

税理士のための
中小企業M&A基礎講座

公認会計士・税理士 大野貴史 著

税務経理協会

はじめに

昭和が終わりを告げ、平成に入ったのはついこの前だと思っていたのですが、いつのまにか令和に突入しました。平成も振り返ってみれば30年と4か月半が経過していました。日本の元号のうち、平成は、昭和、明治、応永に続く、4番目の長さだそうです。

昭和、平成、令和と続く中で、情報社会も、ラジオを中心とした時代から、テレビ、パソコン通信、インターネットを経て、今やスマホが中心となりました。スマホも今や1人2台持つことも多く、大人から子供までスマホを持っています。これらの変化により、個人及び法人の消費行動が変わってしまい、従来のビジネス手法を破壊する技術革新が進み、昭和に成長してきた産業が日々衰退していることを実感します。このような産業における構造変革に対応できなくなってしまっている会社も増加しています。

ラジオ、テレビ世代の経営者は、団塊の世代が多く、今や、団塊の世代は70歳を超えています。一方で、後継者は親の稼業とは違う職業に就くなどの理由により、後継者がいない会社は増加しています。

一方で、スマホ世代の経営者は、起業したときから、会社の株式上場もしくは会社の売却を出口と考えて、事業を構築し、会社を一定規模成長させたら、会社を売却しようと考えている経営者も増加しています。

このような世相を背景に、M&Aはさまざまな場面で登場します。

近年では、M&Aもテレビや雑誌などで多く取り上げられるようになり、昔のようにハゲタカのイメージはなくなり、一般的な感覚になってきました。

中小企業向けM&A仲介専業会社も数多くが上場しており、今後も、増加していくでしょう。上場会社にとっても、事業の成長戦略上、これらの仲介専業会社との取引が重要になってきています。

しかしながら、中小企業においては、M&Aという取引があることを認識していない、自分の会社はM&Aの対象にはならないだろうと思い込んでいる経営者も少なくありません。また、中小企業を支援する税理士の先生も、M&Aは横文字ばかりで正直わからない、一部の人たちが携っている業界で、私には関係がないと思い込んでいることも多いでしょう。

本書は、そのような誤解を解くために執筆しました。税理士は、経営者と顧問契約という長いお付き合いの中で、資金繰りの相談や新規事業の相談に受けることもあるでしょう。また、将来の相続にあたっての相続対策の相談や、ご子息に対する事業承継の相談を受けることもあるでしょう。そういった意味では、経営者の、会社を売りたい・事業を止めたいという想いを一番早く把握することができる立場にあるのが税理士の先生といえます。いいかえれば、中小企業のM&Aは、税理士の先生が主導となって実行することが、経営者にとって良い結果となり得る可能性を秘めています。

M&Aの仲介・アドバイザーは単に儲かる事業だと考え、M&Aをよく理解していない、会計・税務、企業法務を全くわかっていないアドバイザーや仲介業者が増加しており、M&A業界は「玉石混淆」の状況にあるといえます。

税理士は、顧問として、長きにわたり経営者に寄り添い、会社の財政状態や経営状況をリアルタイムで見てきたという立場にいます。クライアントの財務状況をもっとも把握し、さまざまな会社の財務状況を知っており、さらに、中小企業の法律・財務・経理・税法に詳しい税理士は、誰よりもM&Aを支援する者にもっとも相応しいと考えています。

経営者に、自社の企業に価値があること、企業の売却可能性があることを知ってもらい、ひいては、会社の従業員の雇用を守り、借入金を返済し、また、我が子のように育ててきた企業を今後は第三者の手にゆだねてさらなる成長をさせることのお手伝いができるのであれば、税理士としての仕事冥利につきるのではないでしょうか。

税理士の先生のため、中小企業の経営者のために、少しでも力になることができたらとの想いで執筆しました。執筆においては、できるだけ専門的なカタカナ用語を使わないことを心がけ、わかりやすさを優先しました。もし、不安な点、疑問点などがありましたら、遠慮なくお問い合わせください。

最後になりましたが、本書の出版にあたってご協力いただいた税務経理協会の中村謙一氏をはじめとする皆様には、心から御礼申し上げます。

令和3年2月

大野　貴史

Contents

はじめに

第1章　M&Aのケーススタディ
――とある中小企業のM&Aの話

1　Scene1　顧問先である瓜田工業からの相談　2
2　Scene2　買い手候補の探索　6
3　Scene3　意向表明から基本合意　10
4　Scene4　買収調査及び条件交渉　12
5　Scene5　取引実行手続　14

第2章　M&Aのプロセス

1　M&Aのプロセス　16
2　各ステップの内容とアドバイザーの役割　19

第3章　準備・検討

1　売り手オーナーの想い　28
2　秘密保持契約の締結　34
3　アドバイザリー契約書の締結　37
4　報酬の考え方　44

第4章　ノンネームシートと企業概要書の作成

1　企業概要書の作成　50
2　ノンネームシートの作成　64

第5章　買い手の探索

1　買い手候補先一覧の作成　68
2　買い手候補先の探索　69

3 秘密保持契約の締結 70

第6章 ノンネームシートと企業概要書の分析

1 ノンネームシートの読み解き方 72
2 企業概要書の読み解き方 73

第7章 トップ面談と意向表明・基本合意

1 トップ面談 76
2 意向の表明 80
3 基本的な条件の合意 85

第8章 デューディリジェンス

1 買い手の立場から 92
2 売り手企業の立場から 98
3 財務調査報告書の例 101

第9章 取引実行手続

1 株式譲渡 106
2 事業譲渡契約 116

第10章 M&Aのための会社の磨き上げ

1 会社の磨き上げ 122
2 会社の基礎資料の整理 123
3 実態損益計算書の作成 135
4 部門別損益計算書の作成 139
5 実態貸借対照表の作成 141
6 会社の分析資料の作成 143
7 SWOT分析 144
8 デューディリジェンスへの準備 146

第11章　M&Aにおける会社の値段

1 会社の価値　158
2 売り手の立場からの会社の価値　160
3 買い手の立場からの会社の価値　167
4 説明責任のための価値評価　172
5 マルチプル方式（類似会社比較法）　174
6 DCF法　176
7 株式価値算定書のサンプル　182

第12章　M&Aの方法

1 M&Aの方法の種類　188
2 株式譲渡と事業譲渡の比較　189
3 会社分割＋株式譲渡　191

第13章　M&Aの税務

1 M&Aにおける税務の概要　196
2 事業譲渡の税務　197
3 株式譲渡の税務　201
4 M&Aと組織再編　203
5 退職金　205
6 剰余金の配当・自己株式の取得　207
7 事業承継税制とM&A　209
8 M&Aによる株主の変更　210
9 連結納税とM&A　212
10 令和３年度税制改正におけるM&A税制　214

第14章　M&Aの財務経理領域PMI

1 PMIとは　220

2 財務経理領域 PMI 221
3 取得の会計処理 229

巻末資料

(1) 株式譲渡契約書のひな型 232
(2) 事業譲渡契約書のひな型 242
(3) M&A 用語集 248

第 1 章

M&A のケーススタディ
——とある中小企業の M&A の話

1 Scene1 顧問先である瓜田工業からの相談

(1) 事業承継の相談

「瓜田です。会社の事業承継について相談したいので、一度、会社までご来社いただけませんか。」

あさかぜ税理士法人の中野は、瓜田社長からの突然の電話に驚いた。瓜田社長は、顧問先の瓜田工業の社長だ。

（長男に自社株の贈与を検討しているのだろう。）

中野はそう考え、瓜田工業の過去の決算書を手許に取り寄せた。

（業績は良いし、株式の相続税評価額は高めに出てしまうな。株価対策などの提案が必要かもしれない。）

そう思いながら、簡単に瓜田工業の株式の相続税評価額を算定した。

（ずっと業績も好調で利益も出ているし、工場の土地に大きな含み益が出ている。株価対策をするには根本的に見直しが必要だな。）

中野は、瓜田工業を訪問した。

「もともと長男を後継者にと考えていたのだが。長男は、ご存じのようにアメリカの大学を出て、自分でコンサルティング会社を創業してうまくいっているようだ。どうも、我が社を継ぐ気はないようで。長女は、結婚した旦那と一緒に、アメリカに行ったきり。子供も大きくなり、向こうから帰ってくる気配はないな。優秀な社員はいるが、残念なことに社内にも私の後継者にふさわしい者がいないんだ。」

瓜田社長は、中野に語り始めた。

「最近、同業者の集まりで、鈴木商店が上場会社に会社を10億で売ったと聞いたんだよ。M&Aの会社からも手紙やチラシをいっぱい送られてくるが、どういうものなのか先生に聞いてみようと思ったんだ。うちも、M&Aを検討したいので相談に乗ってもらえないか。」

中野は、相続税対策の相談だと思って面談に臨んだが、M&Aの相談だったので若干とまどった。しかし、すぐに頭を切り替えた。

「承知しました。会社の譲渡を決断されたのですね。苦渋の決断だと思います。また、私にご相談いただきありがとうございます。まずは、簡単に、M&Aのプロセスを説明します。」

中野は、瓜田社長に、M&Aのプロセスを説明した。

「会社を譲渡した後は、どのように考えていますか。」

「これまで一緒にやってきてくれた従業員については、解雇することなく全員引き継いでほしい。私は、まだまだ元気なので、あと5年くらいは会社経営ができると思う。」

「では、こちらで、どのくらいで譲渡できそうか、価額を算定してみます。算定しましたら、また、お伺いして相談させてください。」

(2) 譲渡希望価額の目線合わせ

中野は、事務所に戻り、会社の資料の資料を基に、瓜田工業の企業評価を行った。それから数日が経過し、中野税理士は瓜田工業を訪問し、M&Aのメリット、デメリットを瓜田社長に十分に説明した。

「メリットは、何といっても、経営者が現金を手にすることができ、引退後の資金を用意ができることです。また、後継者不在を解消し、会社が存続することで従業員を守ることもできます。」

山田は続けてデメリットを話し始めた。

「一方、デメリットは、株主が変わることから顧客や取引先から反発を買い、取引が打ち切られてしまうことがあることです。しかし、今の世の中そんなことが起きるのはほとんどないでしょう。また、労働条件が変更され、従業員のやる気をそいでしまうこともあります。」

「M&Aのメリット、デメリットについてはよく理解できた。ところで、わが社はどのくらいで売却できそうかな。」

中野は、事務所で作成した株価算定書を瓜田社長に差し出し、株価算定の考え方について説明をした。

「算定の結果、瓜田工業の株価は3億円～4億円となりました。瓜田工業の企業評価にあたり、年買法（年倍法）により算定しました。年買法は、時価純資産額に修正営業利益の3～5倍を足して算定します。瓜田工業は純資産価額が1.5億円、修正営業利益が5,000万円ですから、その3～5倍の1億5,000万円～2億5,000万円を加算しました。いかがでしょうか。」

瓜田社長は苦虫を噛みつぶしたような顔をし、無言のまま、しばらく時間が過ぎた。

(3) アドバイザリー契約の締結

「もう少し高めで考えていたよ。5億くらいかなとは思っていたんだが。まあ、従業員をきちんと承継してくれること、商号を残してくれることを守ってくれるならば、良しとするか」

「承知しました。では、会社の譲渡を進めるにあたって、当税理士法人をM&Aアドバイザーとして就任させていただけないでしょうか。」

「わかった。手取り額が多くなるように税金のことはきちんと考えてくれよ。」

「では、4億円で買い手候補を探してみたいと思います。」

中野は、仲介とフィナンシャルアドバイザーの違い、M&Aアドバイザーの報酬の仕組みを説明した。用意してきたアドバイザリー契約書を読み上げ、瓜田社長にその内容を十分に理解をしてもらったうえで、アドバイザリー契約を締結した。

「それでは、まず、会社の基礎資料を集めていただく必要があります。基礎資料の一部は、税務顧問契約で毎月いただいているものがありますので、不足分について、追加でご請求いたします。」

中野は、一覧表に基づき、瓜田社長に会社の基礎資料の提供の依頼をした。これらの会社の基礎資料の収集は、譲受先候補を探索したり、会社の価値を高めるように会社の磨き上げをしたり、会社の備置き資料を整理・整備したりするために必要なものである。これらの作業を「案件化する」ともいう。
「今週は早く帰れそうもないな。」
中野は早速事務所に戻り、会社の基礎資料を丹念に読み込み、会社の理解を深めた。

(4) M&Aにおける問題点の検討

中野は、瓜田社長と何度か面談を重ねた。
会社の譲渡を検討するにあたって、いくつか気になることがあった。
「瓜田工業の工場の上物は、自社で持っていますが、底地は、瓜田社長が保有していますね。これは、M&Aにおける課題になりそうです。瓜田工業は瓜田社長に地代を支払っておらず、『土地の無償返還に関する届出』を税務署に提出しています。これを解消するには、いくつかの方法があります」
中野は、これを解消するために瓜田社長に、いくつかの提案をした。
「会社を譲渡と同時に、底地を瓜田工業に売却しましょう。もしくは、一定期間、瓜田社長の土地を瓜田工業に賃貸し、瓜田工業が地代を受け取るというのもよいでしょう。税金計算もしておきますので、いずれかの方法がよいか、買い手候補者と協議することにしましょう。」

2 Scene2 買い手候補の探索

(1) 企業概要書の作成

中野は、1週間かけて、瓜田社長から新たに入手した資料やインターネットや新聞記事などの公表資料に基づき、瓜田工業の企業概要書を作成した。企業概要書は、会社の強み弱みや、事業ごとの収支、業界の概要など、買い手が投資判断できるデータなどを盛り込んだ資料である。企業概要書における企業の特徴の内容について、瓜田社長と討議しながら書き上げた。

(2) ノンネームシートの作成

企業概要書を作成した中野は、次にノンネームシート（匿名情報）を作成した。ノンネームシートは、会社を特定できない範囲で、企業や事業の特徴を記載した開示資料である。一般的に、A4用紙1枚程度にまとめられる。ノンネームシートは、誰が見ても、会社が特定されないような書き方となっているかが重要である。一方で、ノンネームシートを見た者が、この企業を買収したいと思うような魅力的な記載になっていなければならない。

(3) 買い手候補の一覧表の作成

「買い手候補の一覧表を作成しました。本日は、どのように買い手の探索を進めていくか議論したいと思います。」

中野は、買い手候補先の一覧表を瓜田社長に提示した。

「長くこの業界に携わってきたが、この業界単独では、今後厳しいのではないかと思っている。買い手候補としては、同業以外の会社を希望したい。それから、この一覧表の中で、この会社は社長仲間から評判が良くないから買い手候補から外してくれ。」

中野は、瓜田社長との意見交換を基に、買い手候補先を絞り込んだ。

(4) ノンネームシートの交付

「もし、この企業の買収に、興味がありましたら、ご連絡をいただければと存じます。」

早速、中野は、買い手候補の探索にあたった。買い手候補にノンネームシートを交付し、売り手企業に興味があるかどうかを聞いてみた。

中野は、いくつかの買い手候補に接触したが、感触があまり良くなかった。そこで、自力による買い手候補先の探索と並行して、他のM&Aアドバイザーにも声をかけてみようと考えた。

「そうだ、大野会計士にも相談してみよう。」

中野は、その足で、大野公認会計士事務所に訪問した。中野は、大野にノンネームシートを渡した。

「大野さん、ご無沙汰しています。今、こういう案件を進めていまして、良い買い手候補がいればご紹介いただけないでしょうか。」

「面白そうな案件ですね。そういえば、以前から取引のある会社で、本件に興味を示しそうな会社がある。早速聞いてみるよ。」

中野が帰ると、大野は、貝塚製造の貝塚社長に電話をかけた。

「貝塚社長ですか？　ちょっとご相談したいことがありまして。会社の売却案件があるのですが、貝塚社長がご興味はないかと思い電話しました。お時間があればご訪問いたします。」

大野は、貝塚製造の貝塚社長と面談の約束をして、すぐに訪問した。

(5) 企業概要書の授受

大野は、貝塚社長にノンネームシートを渡し、興味がないかを聞いてみた。貝塚製造の貝塚社長は、大野会計士から受領したノンネームシートを見て、腕組みをした。

「なるほど、当社とは全く同じ業界ではないが、近い業界だ。相乗効果がありそうだな。この会社に大変興味がある。ぜひ、次の段階に進みたい。」

「わかりました。それではまず、当事務所と貝塚製造とで、秘密保持契約を締結してください。その後詳細資料を提示いたします。」

大野は、中野に電話を掛けた。

「貝塚製造という会社が、この案件に興味を持っているよ。秘密保持契約を締結するので、企業概要書を提示したいと思う。私に企業概要書を送付してくれませんか。」

秘密保持契約締結後、売り手企業である瓜田工業の社名がはじめて明らかにされ、貝塚社長は大野から瓜田工業の企業概要書を受け取った。

貝塚社長は、企業概要書を読み込み、瓜田工業の買収するか否かについて検討した。買収するか否かを検討するにあたり、瓜田工業に税務申告書や履歴事項全部証明書などの追加資料を依頼した。

瓜田社長も貝塚社長も、相手先に直接交渉はせず、それぞれのアドバイザーである中野と大野を通して、資料の送受を行った。

貝塚社長は大野に言った。

「瓜田工業はなかなかよさそうな会社ですね。業績も良好だし、当社とも相乗効果がありそうだ。取引先のＡ社は、当社も営業攻勢しているがなかなか受託量が増えていない状況だ。」

「そうですね。買収価額はどうでしょうか。」

「財務経理部長の石井にも相談済みだが、このくらいの買収価額であれば、自己資金でなんとか行けそうだ。あとは財務面の分析だな。石井に決算資料を渡しておいたが、いくつか確認したいことがあるとのことなので、いろいろと先方に確認したい。」

貝塚社長は、企業概要書や追加資料を読み込んだところ、いくつかの不明点、疑問点があった。質疑応答は、エクセルファイルにてやりとりすることにした。後日言った、言わないなどの紛争をできるだけ避けるためだ。

瓜田社長は、貝塚社長からの質問に対して誠実に回答した。不誠実な回答は、のちのトラブルに発展する。思い込みや想像で回答せず、きちんと確認し、事実に基づき回答した。

3 Scene3 意向表明から基本合意

(1) 意向表明書の提示

「よし、瓜田工業を買収するぞ。値段は4億までだ。具体的にどうすればよいか教えてくれ。」

貝塚社長は、自分を納得させるかのように大きな声で言った。大野も笑顔でこれに答えた。次の段階に進むにあたり、貝塚製造と大野公認会計士事務所はM&Aアドバイザリー契約書を締結した。

「まずは、買収価額と買収条件などを記載した意向表明書を提出しましょう。」

貝塚社長は、意向表明書を瓜田社長に提出した。

(2) 瓜田社長と貝塚社長とのトップ面談・会社見学

瓜田工業の社長室で、瓜田社長と貝塚社長とのトップ面談が行われた。トップ面談は、終始和やかな雰囲気で進んだ。

瓜田工業の従業員にはM&Aを検討していることは明らかにされていないため、従業員に情報が漏れないように、「新規取引先の視察」といった別名目で、秘密裏に、瓜田工業の本社見学と工場見学が行われた。

(3) 譲渡価額・諸条件の協議

瓜田社長と貝塚社長は、それぞれのアドバイザーである中野と大野が間に立ち、譲渡価額や譲渡価額、役員の処遇、退職する役員の退職慰労金の額、従業員の処遇などの諸条件を提示し、交渉を行った。

また、工場底地の取扱いについても協議され、結局は、底地を瓜田社長から瓜田工業に売却し、その後に、瓜田工業の株式を貝塚製造が買い取ることとなった。

(4) 基本合意書の締結

条件面が整ってきたため、瓜田社長と貝塚製造とで基本合意書を締結した。交渉によって決定した譲渡価額・諸条件や、独占交渉期間（一般的には2〜3か月）、株式譲渡契約締結までの予定などが盛り込まれた。

全株式の譲渡価額は3.5億円、瓜田社長は株式譲渡後退任し、役員退職慰労金5,000万円を受け取ることとなった。また、工場底地については、不動産鑑定評価に基づき瓜田社長から瓜田工業に1億円で売却することとなった。

なお、株式の譲渡価額については、デューディリジェンスの結果によって修正できるよう変更の余地を残して定めた。基本合意書には、法的拘束力を持たせないように定めるのが一般的である。

Scene4

4 買収調査及び条件交渉

(1) デューディリジェンス

貝塚製造は、瓜田工業に対し、デューディリジェンス（DD）を実施した。デューディリジェンスは、買収監査とも呼ばれる。弁護士や公認会計士などの専門家が、売り手の契約書や決算書などを詳細に調査し、法務リスクや財務リスクの有無について確認する手続である。

デューディリジェンスを行うにあたって、瓜田工業は資料の用意や場所の確保が必要となる。デューディリジェンスは、中小企業等の場合には1～2週間程度かけて行われる。

調査実施日から1週間後、財務を依頼した弁護士・公認会計士からデューディリジェンス調査報告書を受領した。

貝塚製造は、報告された法務リスクや財務リスクの内容を検討した。財務に関する報告書では、進行度の当初予算が未達となる可能性が高いこと、滞留している棚卸資産があることが報告された。また、未払残業代があることも報告された。

法務に関する報告書では、取引先のうち1社の契約書について、チェンジオブコントロール（Change of Control＝COC）条項が付されていることがわかった。COCとは、株主や代表者が変更となったときに、契約が解除されるという条項である。

貝塚社長はM&Aアドバイザーである大野と協議し、瓜田工業にCOCの不確実性を回避するよう要請するとともに買収価額の減額など最終的な提示条件を申し入れることを決めた。

(2) 最終交渉と契約内容の妥結

瓜田社長と貝塚社長とで、譲渡価額や諸条件についての最終交渉を行った。

財務デューディリジェンスで、今年度の当初予算の未達可能性が高いことが検出されたこと、2年間滞留している棚卸資産が1,000万円ほど検出されたことについて確認したところ、瓜田社長はこれを認め、また、棚卸資産については販売することはできないだろうとの考えを示した。貝塚社長はこれらを受けて譲渡価額の引下げを、瓜田社長に申し入れた。

アドバイザーである中野と大野を経由して2〜3日間何度かやりとりを行ったが、最終的に、株式譲渡契約の契約内容について妥結することができた。瓜田社長は、評価額を3,000万円引き下げ、3.2億円とすることで合意した。

(3) 株式譲渡契約書の締結

瓜田社長と貝塚製造とで、株式譲渡契約書を締結する。表明保証条項や表明保証違反の損害賠償条項などが定められる。表明保証条項とは、売り手が財務状況の適正性や法令違反の有無の事実について、表明し保証する条項である。これらを最終的に株式譲渡約書に取りまとめ、契約を締結した。株式譲渡日（決済日）は、両者の合意により、6月1日と定められた。

スムーズな事業継承を行うため、瓜田工業の主要役員や幹事、金融機関には、瓜田社長から事前に説明を行った。

5 Scene5 取引実行手続

(1) 株式の引渡しと金銭の授受

株式譲渡契約書に定められた株式譲渡日（決済日）である6月1日に、瓜田社長から貝塚製造へ、株式の引渡しが行われた。同時に、貝塚製造から瓜田社長の口座に株式譲渡代3.2億円が振り込まれた。

同時に、瓜田工業から瓜田社長の口座に、役員退職労金5,000万円、土地譲渡代金1億円が振り込まれ、土地の権利書が瓜田社長から瓜田工業へ引き渡され、土地の所有権移転登記の申請が行われた。

(2) 取引先、金融機関、主要役員・幹部、従業員などの関係者への説明

同日、瓜田工業の従業員は瓜田工業の講堂に集められ、瓜田社長と貝塚社長がそろい、貝塚社長は瓜田工業が貝塚製造グループ入りした旨を瓜田工業の従業員に告げた。

「本日付けで、当社は貝塚製造にグループ入りしました。瓜田社長から貝塚製造にグループ入りの打診があり、グループ入りが決定しました。今後は、貝塚製造とともに、グループ一体となって経営が行われます。」

貝塚社長から、従業員に対し、なぜM&Aに至ったのか、今後どのような経営が行っていくのかを丁寧に説明した。いくつかの質疑応答があったが、事前にアドバイザーと打ち合わせをして準備しておいたので順調に進んだ。従業員の動揺もなく、おおむね好意的に受け入れられたようだ。

同時に、主要取引先や金融機関に瓜田社長と貝塚社長がそろって挨拶に回った。

第 2 章

M&A のプロセス

1 M&Aのプロセス

M&Aのプロセスは、売り手企業及び買い手企業の状況によって異なります。M&Aが成約するまでは早くても3か月、1年を超えることもあります。

売り手企業の経営者にとって、M&Aは初めての経験であり、一般的には最初で最後の一大事です。人にとって一番の不安は、先行きがわからないこと、暗中模索で先に進むこと、想定外が起こることです。これを避けるために、M&Aアドバイザーは、経営者に対し、M&Aの流れを提示し、あらかじめ明確に伝えておく必要があります。

M&Aアドバイザーの立場からM&Aのプロセスを見れば、売り手企業の個別相談から始まり、アドバイザリー契約の締結、案件化、マッチング、交渉、基本合意、デューディリジェンス、最終契約の締結、取引実行手続のプロセスをたどります。企業分析、業界調査、買い手候補先の選定、企業評価などM&Aアドバイザーが重要な役割を担います。

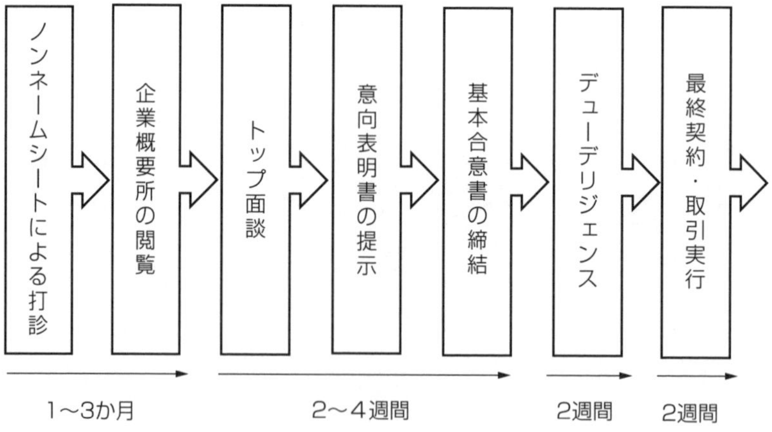

M&Aアドバイザーを利用する場合の一般的なM&Aのステップについて、売り手が行うこと、買い手が行うこと、仲介会社が行うことの視点から、見てみましょう。

<table>
<tr><th></th><th>売り手が行うこと</th><th>買い手が行うこと</th><th>M&A アドバイザーが行うこと</th></tr>
<tr><td colspan="4">Step1　検討・準備</td></tr>
<tr><td>(1)　個別相談</td><td rowspan="5">・会社の譲渡を意思決定する。
・M&A アドバイザーとアドバイザリー契約を締結する。
・譲渡希望価額、諸条件等を決定する。</td><td>—</td><td rowspan="5">・売り手の意思決定を促す。
・売り手から入手した基礎資料を読み込み、会社の状況を把握する。
・譲渡希望価額の目線合わせをする。
・スケジュールを立案する。</td></tr>
<tr><td>(2)　基本資料の収集・企業分析</td><td>—</td></tr>
<tr><td>(3)　譲渡希望価額の決定</td><td>—</td></tr>
<tr><td>(4)　M&A の決断</td><td>—</td></tr>
<tr><td>(5)　アドバイザリー契約の締結</td><td>—</td></tr>
<tr><td colspan="4">Step2　買い手候補者の探索</td></tr>
<tr><td>(6)　企業概要書の作成</td><td rowspan="8">・企業概要書、ノンネームシートを作成し、買い手候補に情報を提供する。
・M&A アドバイザー会社から提供された買い手候補リストから NG や優先順位つけ、買い手候補先を絞り込む。
・買い手候補先から質問が来た場合には、随時応答する。</td><td>—</td><td rowspan="8">・売り手から入手した基礎資料や経営者への質問を基に、企業概要書及びノンネームシートを作成する。
・買い手候補者のリストを作成し、売り手と協議し、売込先を絞り込む。
・売込先にノンネームシートで打診し、興味関心を確認する。
・売込先が興味関心を示したら、企業概要書を提供する。</td></tr>
<tr><td>(7)　ノンネームシートの作成</td><td>—</td></tr>
<tr><td>(8)　業界調査・買い手候補先の選定</td><td>—</td></tr>
<tr><td>(9)　ノンネームシートの交付・受領</td><td rowspan="5">・仲介会社からノンネームシートを受領し、詳細検討を行うか否かを検討する。
・詳細検討を行う場合には、企業概要書を受領し、詳細を分析し、質疑応答にて不明点をつぶし、買収の可否を検討する。
・M&A アドバイザーとアドバイザリー契約を締結する。</td></tr>
<tr><td>(10)　秘密保持契約書の締結・企業概要書の受領・検討</td></tr>
<tr><td>(11)　質疑応答</td></tr>
<tr><td>(12)　トップ面談・会社見学</td></tr>
<tr><td>(13)　アドバイザリー契約の締結</td></tr>
</table>

	売り手が行うこと	買い手が行うこと	M&Aアドバイザーが行うこと
Step3　意向表明から基本合意			
(14)　意向表明書の提出 (15)　譲渡価額・諸条件の検討 (16)　基本合意書の締結	・意向表明書を入手し、買い手の取得条件を検討する。 ・トップ面談を行う。 ・基本合意書を締結する。	・取得価額、取得条件等を明記した意向表明を売り手に提示する。 ・トップ面談を行う。 ・基本合意書を締結する。	・買い手に取得金額、取得条件等を明記した意向表明書を作成してもらう。 ・トップ面談を設定する。 ・売り手と買い手との間に立って諸条件の交渉・調整を行う。
Step4　買収調査及び条件交渉			
(17)　デューディリジェンス (18)　株価評価 (19)　最終交渉・契約内容の妥結 (20)　株式譲渡契約書の締結	・デューディリジェンスを受ける。 ・株式等譲渡契約の内容を詰め、契約を締結する。	・デューディリジェンスを実施する。 ・取得価額の妥当性を検討するため、株価評価を実施する。 ・株式譲渡契約の内容を詰め、契約を締結する。	・デューディリジェンスの設定をする。 ・株価評価を行うにあたっては、事業計画の検証を行う。 ・条件について売り手と買い手の調整を行う。 ・株式譲渡契約のひな型を提供する。
Step5　取引実行手続			
(21)　M&Aの公表 (22)　株式と金銭の授受 (23)　業務の引継ぎ	・株主が異動したことを取引先や従業員に公表する。 ・期日に株式等の引渡しを行う。 ・業務の引継ぎに協力する。	・会社を取得したことを取引先や従業員に公表する。 ・期日に金銭の支払いを行う。 ・業務を速やかに引き継ぐ。	・株式等の引渡しと金銭の授受が、きちんと実行されたか確認する。

2　各ステップの内容とアドバイザーの役割

1 の M&A の Step1～5 の各項目（⑴～㉓）における M&A アドバイザーの役割は、次の通りです。

⑴　個別相談

売り手オーナーが、M&A アドバイザーと接触するのにはいろんなパターンがあるでしょう。例えば、売り手オーナーが M&A アドバイザーのホームページなどを見て、面談を申し込むこともあるでしょうし、友人、知人の紹介から、M&A アドバイザーと面談することもあるでしょう。

多くの M&A アドバイザーは、積極的に売り手候補企業に接触しています。アプローチの方法としては、ダイレクトメール、電話、セミナー、金融機関との提携等による集客などによっています。

顧問税理士であれば、相続対策や事業承継対策など、経営者からの相談の過程で案件化することもあります。

例えば、先代経営者の相続税対策における株価対策で、先代経営者に後継者がいないとの悩みを打ち合けられ、会社の譲渡に至ることもあります。先代経営者から会社を相続したものの、会社経営がうまくいかず、会社を譲渡したいと後継者から相談されることもあります。

M&A の相談を受けた場合には、経営者に、M&A のメリット・デメリット、M&A の進め方やおおまかな流れ、アドバイザーの報酬体系を説明するとともに、買い手候補先をいくつか提示するなどして、売り手オーナーに M&A の決断を促します。

(2) 基本資料の収集・企業分析

会社を譲渡できる可能性があるかを判断するために、M&Aアドバイザーは経営者と秘密保持契約書を締結し、会社経営資料を受けとります。M&Aアドバイザーは、会社経営資料を読み込み、会社の理解を深め、企業分析を行います。

(3) 譲渡希望価額の決定

M&Aアドバイザーは、会社経営資料の読込みや、売り手オーナーへの質問や討議を基に、売り手企業の株価算定を行い、売り手オーナーの譲渡希望価額の目線合わせをします。

(4) M&Aの決断

売り手オーナーが、会社を譲渡することを決断します。

(5) アドバイザリー契約の締結（売り手）

M&Aを実行するにあたって、売り手企業の取引先や売り手オーナー自身の人脈を使って買い手を探してくることもあります。しかし、個人の人脈では買い手の探索には限界があることと、M&Aは専門的な知識が必要なことなどから、M&Aアドバイザーとアドバイザリー契約を締結し、アドバイザーに買い手との引き合わせをしてもらうことが多いでしょう。

(6) 企業概要書の作成

M&Aアドバイザーは、会社経営資料の読み込み、売り手オーナーへの質問、討議を基に、売り手企業の企業概要書を作成します。企業概要書には、会社の沿革、株主構成、事業内容、強み弱み、会社の損益状況、財政状態、会社の属する業界の概要など、買い手候補先が投資判断できる情報などを盛り込みます。

(7) ノンネームシートの作成

M&Aアドバイザーは、ノンネームシートを作成します。会社を特定できない範囲での開示資料（A4用紙1枚程度）です。

(8) 業界調査・買い手候補先の選定

M&Aアドバイザーは、業界調査をするとともに、買い手候補先の洗出しをします。売り手企業の取引先や売り手オーナーの個人的な人脈、M&Aアドバイザーの有する人脈を利用して買い手候補を探し、買い手候補リストをまとめます。買い手候補リストを基に、売り手オーナーと協議し、買い手候補先としての打診NGの会社、優先順位をつけたい買い手候補先などがあればそれを考慮し、買い手候補先を絞り込みます。

(9) ノンネームシートの交付・受領

M&Aアドバイザーは、買い手候補先にノンネームシートを交付して、売り手企業の買収に興味がないかを打診します。他のM&Aアドバイザーにノンネームシートを交付し、買い手候補先の探索を依頼することもあります。

買い手候補先は、ノンネームシートを受領し、売り手企業の売収の詳細検討を行うか否かを検討します。

(10) 秘密保持契約書の締結・企業概要書の受領・検討

買い手候補先が売り手企業の買収を検討したいとの要望があれば、秘密保持契約書を締結したうえで、M&Aアドバイザーから買い手候補先に対して売り手企業の企業概要書を提供します。

買い手候補先は、企業概要書を閲覧し、売り手企業を買収するか否かの検討を始めます。

M&A アドバイザーは、売り手候補先に、M&A の進め方やおおまかなスケジュール、アドバイザリー契約を締結する際のアドバイザーの報酬体系を説明します。

⑾ 質疑応答

買い手候補先は、企業概要書についてわからない点があれば、M&A アドバイザーを通して売り手企業に質問または詳細資料の提供を要請します。売り手オーナーは、買い手候補先の質問に対応して回答または詳細資料を提供します。

詳細資料やデータについては、資料のコピーや PDF を CD 媒体に焼いて渡すこともあります。最近では、Dropbox や、Google ドライブ、OneDrive などのオンラインストレージサービスを利用してデータを共有することもあります。

⑿ トップ面談・会社見学

相手側の事業や経営に対する考え方などを確認するために、売り手と買い手候補先のトップ面談が行われます。面談では、双方の自己紹介をはじめとして、売り手からは譲渡をする理由、買い手候補者からは譲受を検討する理由や譲渡が実行された後の事業計画等について説明のうえ、相互に質問応答が行われます。また、売り手企業の会社見学や工場などの重要施設の見学などが行われることもあります。

⒀ アドバイザリー契約の締結（買い手）

買い手候補先が、売り手企業の買収をする意向を決定をした場合には、M&A アドバイザーは、買い手候補先とアドバイザリー契約を締結します。

⒁　意向表明書の提出

買い手企業は、売り手オーナーに対し意向表明書を提出します。具体的なM&Aのスケジュールや、買収価額、それ以外の諸条件などが、意向表明書で表明されます。

売り手オーナーは、買い手企業から意向表明書を受領し、内容を確認します。買い手候補先の意向表明に対し、売り手オーナーが同意すれば、次のステップに進みます。

⒂　譲渡価額・諸条件の検討

売り手オーナーと買い手企業との譲渡価額・条件の検討・調整を行います。M&Aアドバイザーがこれらに対するアドバイスを行います。

⒃　基本合意書の締結

⒂での条件面が詰まってきたら、売り手オーナーと買い手企業で基本合意書を締結します。買い手候補先の独占交渉権や、譲渡（買収）価額・条件などが定められます。譲渡価額については、デューディリジェンスの結果によって修正できるよう変更の余地を残します。

⒄　デューディリジェンス

買い手候補先は、売り手企業に対するデューディリジェンスを行います。デューディリジェンスは、買収監査ともいわれ、弁護士や公認会計士などの専門家が売り手の契約書や決算書などを詳細に調査し、法務リスクや財務リスクの有無について確認する手続です。デューディリジェンスを行うにあたって、売り手企業は、資料の準備や監査場所の提供が必要です。

調査後、買い手企業は、弁護士や公認会計士などからデューディリジェンス調査報告書を受領し、検出された課題やリスクを検討します。デューディリジェンスで検出された課題によっては、M&Aが中止になることもあります。検出された課題やリスクが譲渡価額や条件の見直しなどで補える場合には、譲渡価額や諸条件を見直し、最終的な条件を両者で決定します。

⒅ 株価評価

買い手企業が、株主に対する説明責任を果たすために、公認会計士などの専門家に株価評価を依頼する場合があります。株価評価を行うためには、売り手企業の決算書や、中期事業計画などが重要です。デューディリジェンスの結果に基づく修正貸借対照表や実態損益計算書、売り手企業が作成した事業計画や中期事業計画を基に、買い手企業が修正した買収後の事業計画・中期事業計画などを利用して、株価評価が行われます。

⒆ 最終交渉・契約内容の妥結

デューディリジェンスの結果を得て、買い手候補先は、最終的にM&Aを実行するかどうかを検討します。M&Aを実行すると決定したら、最終的な買収価額、諸条件などを決定し、売り手に打診します。M&Aアドバイザーは買い手企業と売り手オーナーの間に入って、契約条件が妥結するよう交渉調整します。

⒇ 株式譲渡契約書の締結

売り手オーナーと買い手企業で、譲渡価額や諸条件についての最終交渉を行い、M&Aの契約内容について妥結します。表明保証条項や表明保証違反の損害賠償条項などを定めます。表明保証条項とは、売り手企業の決算書が適正であることや法令違反がないことを表明し保証する条項です。その内容を株式譲渡契約書に織り込み、契約を締結します。

㉑ M&Aの公表

必要に応じて、取引先、金融機関、主要役員・幹部、従業員などの関係者への公表を行います。公表するタイミングは会社によってまちまちです。

上場会社では、重要な事項を決定した場合、取引所の規則に基づく適時開示が義務づけられています。

基本合意契約の締結が適時開示義務に該当するかについては、基本合意契約に、法的拘束力がないこと、必要な意思決定機関の意思決定を経たものではないことを明記すれば、適時開示不要との考え方もあります。しかし、基本合意契約の締結は適時開示の対象となるというのが実務的な取扱いです。適時開示が行われると広く知れ渡り、その後破談したり、思いに反して株価に影響することもあります。このため、上場会社が買い手の場合には、基本合意は交わさずにプロセスを進行させることが多いでしょう。一方で、大規模なデューディリジェンスや競争法等の手続が必要となる場合には、基本合意を締結し、積極的に適時開示をすることもあります。

金融商品取引法で定められている臨時報告書は、子会社取得の決定及び特定子会社の異動のタイミングで、提出が求められます。

M&Aアドバイザーは、開示のタイミングや内容について、アドバイスを行います。

㉒ 株式と金銭の授受

株式譲渡契約書に定められた効力発生日に、株式と金銭の授受が行われます。M&Aアドバイザーはこれらが滞りなくに行われているかを確認します。

㉓ 業務の引継ぎ

売り手企業から買い手企業への業務の引継ぎを行います。

第 3 章

準備・検討

1　売り手オーナーの想い

(1)　売り手オーナーの会社の譲渡の意思の確認

会社譲渡の支援を行うにあたっては、経営者の会社譲渡の意思を十分に確認する必要があります。そのためには、経営者がどのような目的で会社の譲渡をしたいのかを確認しましょう。

経営者が、会社を譲渡したいという動機にはいろいろなものがあります。

例えば、知人の経営者が会社を高く売ったという噂を耳にした経営者が、自分の会社も売却したいと思うケース。経営者の子息は上場会社に就職しており、自分の会社を継ぐ者がまったくおらず、第三者に会社を承継させたいと意思決定したケース。自身が病気になり、将来の事業継続が不安になったことから、第三者に譲りたいと考えたケース。会社が行っている事業が急変化の状況にあり、今後事業を発展させるためには、さらなる追加投資が必要であるものの、資金的・技術的に追加投資は難しく、第三者に経営を委ねたいと考えたケース。

経営者が、会社を譲渡したい動機は、実にさまざまです。

税理士が、顧問先のオーナーから会社を譲渡したいとの相談を受けたとき、どうすべきでしょうか。金融機関に相談したり、M&Aアドバイザー業者に紹介したりするということもあるかもしれません。

しかし、税理士自身がM&Aアドバイザーに就き、M&Aのアドバイザー業務を行うということもできます。税理士自身がよく知った顧問先の経営者からニーズを直接聞きだし、会社の譲渡をお手伝いするというのは、M&Aアドバイザー業者とも違ったよりよいアドバイスを提供できるのではと思います。

中小企業においては、顧問税理士として、経営者との面談が年1回は行われているでしょう。その際に、経営者の会社の譲渡についての要望をいかに把握できるかが、M&Aの支援を行えるかどうかの肝となります。

また、経営者から自発的な相談がなくても、税理士から、経営者にM&Aの可能性を打診してみるのもよいかもしれません。

経営者にとって、自分の会社は我が子のようにかわいいものです。苦労をして営業を行い、従業員に家族と同様に接し、これまで会社を成長させてきました。会社はわが子と同じというのは当然といえます。その会社を売るというのは寂しい思いもありますが、その会社がますます成長し、従業員の雇用が継続されるのであれば、これより嬉しいものはありません。

このような想いが交差する中で、会社の譲渡のお手伝いをすることになりますから、より丁寧に、親身に経営者に意向を汲んで業務を行うことを忘れないようにしましょう。

言葉にも注意します。例えば「会社を売却する」、「会社を売る」というと少しきつく聞こえる感じがします。言い換えとして、「会社を譲渡する」、「会社を譲り渡す」といったほうがやわらかい印象を与えるでしょう。

経営者が会社の譲渡を考え始めるきっかけには、次のような理由があります。

①　後継者不在・後継者の能力不足

親族内に後継者がいない場合には、会社譲渡の意思決定をする可能性があります。後継者がいたとしても、後継者の能力が不足していると経営者が考えている場合にも、会社譲渡の意思決定をする可能性があります。

毎期株価算定をして、一定の時期に、子息等に自社株の贈与を行っているものの、その子息等が自社に就職していない場合には、自社を今後どのように考えているか、経営者と討議するのもよいかもしれません。

②　従業員の雇用の継続維持

いっそのこと会社を廃業してしまいたいと考える経営者もいます。廃業するには、経営者は、これまでついてきてくれた従業員の雇用をどのようにするかを考えなければなりません。会社ごと従業員を引き継いでくれる者を探すという意味で、会社譲渡を考える可能性があります。

③　業績不振の打開

自力の営業力や技術力では、業績の成長・維持がおぼつかず、業績不振に陥っている会社があります。この場合には、外部の営業代行業者や商社、外注先に頼ることもありますが、そういった営業力や技術力を持った者に会社を譲渡して、その会社が業績を伸ばすという方法も考えられます。

顧問税理士は、会社の業績をいち早く、また継続的に把握しています。毎月の予算実績比較、前年度実績比較、資金繰りの状況等を把握し、会社の経営状況や将来の展望を経営者と討議するのもよいでしょう。

④　自社のみでの事業の成長・発展の限界

自社の営業力、技術、資本力では、現状を維持するのが精いっぱいであり、今後の成長や発展が見込めない会社があります。資本力のある企業の傘下に入ることにより、新たな経営資源の獲得や相乗効果を期待できることもあります。

⑤　会社債務に対する経営者の個人保証解除

会社の債務に対する個人保証が経営者に重くのしかかっています。この個人保証を外そうと、上場（IPO）を目指す経営者もいますし、会社を売却してすることを希望する経営者もいます。会社の借入時には、金利や返済期間等だけでなく、個人保証についても、注意して確認しておくのがよいでしょう。

⑥　株式譲渡による創業者利益

会社を譲渡して、その譲渡代金を資金として手許に確保しておきたいと考える経営者もいます。ここには、経営者の残りの人生に対する考え方が影響します。引退後にどのくらいの資金が必要か、相続税の納税資金は確保されているかといった資金の観点から経営者のニーズを確認します。

⑦　非中核事業からの撤退

会社が複数の事業を営んでいる場合が多くあります。中核事業と非中核事業を営んでおり、中核事業に経営資源を集中し、非中核事業を譲渡する場合があります。会社が複数の事業を営んでいる場合には、経営者からそれぞれの事業に対する考え方を聞き出して、事業の譲渡についての要望を確認します。

⑧　株式譲渡による大手企業へのグループ入り

大手企業の傘下に入りたいが、経営者としては続けたいという要望を持つ経営者もいます。株式売却後も一定期間経営者として残ることを前提に、大手企業に会社を譲渡することもあります。上場会社の子会社となるメリットは、なんといっても親会社の資金力と信用力、ブランドやノウハウです。従業員にとっても福利厚生面での向上が期待できます。

⑵　売り手オーナーの条件の確認

経営者の会社譲渡の意思が確認できたら、会社譲渡の条件も経営者に確認しておきます。会社譲渡の条件として、次のような事項があります。

①　希望譲渡価額

経営者が希望する会社の譲渡価額を確認します。M&Aアドバイザーは独自に株価を算定しますが、経営者の希望する譲渡価額とあまりにもかけ離れている場合には、アドバイザリー契約締結に至らない場合もあります。あまりに高い希望譲渡価額は、M&Aの成立確率が低くなります。高すぎもせず、安すぎもせず、買い手と合意に至る譲渡価額に落ち着くよう経営者との価格目線合わせが必要です。

②　譲渡条件

⒜　会社譲渡後の経営従事

会社譲渡後も会社の経営などに関与したいか、取締役を辞任するのであれば、買い手の要望があった場合に顧問や業務委託などで、一定期間経営に関与できるかを確認します。

⒝　従業員の承継・雇用条件の継続（一定期間）

株式の譲渡であれば、従業員の雇用契約も当然に承継されます。会社が買い手グループにグループ入りすると、買い手グループの雇用条件に合わせられることが一般的です。条件が従業員に有利になるのであれば問題ありませんが、不利になる場合には、従業員のことを想い、一定期間、現状の雇用条件を継続することを買い手企業に要請することがあります。従業員の雇用条件の考え方を、経営者に確認しておきます。

⒞　役員の承継・雇用条件の継続（一定期間）

オーナー役員以外の役員の処遇についても経営者に確認しておきます。役員は会社との雇用関係はなく委任関係であるため、会社の譲渡に伴って、会社との雇用関係は当然のようには承継されません。オーナー役員以外の役員が退任することによる事業への影響も鑑みて、譲渡後の会社で従業員として雇用を買い手に要請すべきかなどを、経営者に確認しておきます。

また、デューディリジェンスにおいて、役員、従業員のうち鍵となる人物に対し、面談が実施されることがあります、事前に鍵となる人物が誰かを聞いておけば、デューディリジェンスへの対応や役員、従業員への情報開示がスムーズに進みます。

⒟ 商号

会社の商号に思い入れを強く持っている経営者は多くいます。会社を譲渡した後も商号を継続してほしいという希望を買い手に出す経営者もよくいます。経営者に会社の商号に対する考え方を確認しておきます。

③ M&Aの方法

M&Aは、株式譲渡か、事業譲渡で行うことがほとんどです。事業を譲りたいものの、法人自体はそのまま持ち続けたいというのであれば、事業譲渡会社分割を利用する方法を採用します。

また、個人所得課税を避けたいという希望から、事業譲渡を採用することもあります。これらの方法によれば、事業を譲渡した会社が譲渡益の課税主体となります。

顧問先との関係や許認可の有無等も検討のうえ、経営者のM&Aの方法に対する考え方を確認しておきます。

④ 譲渡希望時期

会社譲渡のスケジュール感は経営者と十分に擦り合わせておきましょう。

特に、個人所得税の課税期間は暦年（12月）ですし、法人の課税期間は法人の決算期によって異なります。譲渡損益が当年度に実現するか翌年度に実現するかで課税に影響するため、M&Aの実行時期を気にしなければなりません。

会社の資金繰りの関係や、経営者の個人的な資金支出の予定があり、それまでになんとかM&Aによる資金化の目途を立てたいと考える経営者もいます。経営者の会社の譲渡希望時期を十分に確認しておきます。

⑤ 会社譲渡の事業への影響

会社の顧客との契約において、株主が変わった場合には、取引を停止する、または、取引条件を変更するいった条項が定められていることがあります。販売代理店契約などにこの条項が定められています。M&Aなどにより、契約の一方の当事者に支配権の変更、いいかえれば、株主の変更が生じた場合に、他方の当事者によって契約を解除したり、何らかの制限をかけたりすることができるという規定です。会社が締結している契約に、このような条項を定めている契約ないかを、経営者に確認してもらいます。買い手が実施する法務デューディリジェンスで、このような条項は厳重にチェックされますが、まずは経営者により確認してもらいましょう。

なお、上場会社グループの傘下に入った場合に、得意先の契約が解除されることもありますので、そのような影響がないかも確認します。

株式譲渡によらず、事業譲渡によった場合には、一般的には許認可事業の承継ができないため、承継の対象となる事業にこのような許認可事業があるかについても確認します。

⑥　譲渡先

経営者が希望する譲渡先がある場合には、経営者に先に聞いておきます。

買い手企業の打診先としてがNGである会社についても、経営者に確認しておきましょう。同業他社はそもそもNGということもあります。後日、NGである会社や、希望売却先を考慮して、買い手候補先をリストアップし、一表にまとめます。

⑦　会社譲渡後の経営者の生活設計

会社譲渡後の経営者の生活設計についても、聞いておくのがよいでしょう。M&Aにより得た資金をどのように使っていくか、子息に相続させるかについて、所得税や相続税の観点から、助言できるのが理想的です。

会社を売却すると、会社の売却資金という多額の資金が手に入ります。これまでは、財産のほとんどを自社株で占めていたところですが、現金の財産に占める割合が高くなります。相続対策も考慮に入れながら、現金を30%程度に抑え、残りを有価証券、不動産や金、さらには海外投資に振り分けていくといったアドバイスを行うことも可能です。また、会社譲渡後も、引退せずに新しい事業を起こすなど、活発な経済活動を行う人も多いです。さまざまな場面で顧問税理士としてアドバイスすることが増えますので、これを機に経営者とじっくり話してみるのもよいでしょう。

2　秘密保持契約の締結

M&A アドバイザーは、売り手オーナーから会社のさまざまな情報の提供を受けます。これらの機密情報を厳密に取り扱うことを宣誓するのが、秘密保持契約書です。秘密保持契約書は、秘密情報を厳重に秘密として保持し、相手方の事前の承諾なく第三者に開示、漏洩してはならないことを契約するものです。秘密保持契約は、CA（Confidentiality Agreement）や NDA（Non–disclosure agreement）とも呼ばれます。これに違反した場合には、損害賠償責任が生じます。

秘密保持契約には、契約書方式と差入方式があります。当事者の双方が情報を開示する場合は契約書方式、当事者の一方のみが情報を開示する場合には差入方式が利用されます。

秘密保持契約書（契約書方式）のひな型は、次の通りです。

秘密保持契約書

【譲り渡し側】（以下「甲」という。）及び【譲り受け側】（以下「乙」という。）は、甲に関する M&A 取引（株式の譲渡及び取得、事業譲渡及び譲受、増資の引受け、合併、株式交換、会社分割、資本業務提携等の取引をいい、以下「本件取引」という。）の可能性を検討するに際し、甲乙が相互に開示する情報等の秘密保持について、以下のとおり契約（以下「本契約」という。）を締結する。

第 1 条（秘密保持義務）

1　甲及び乙は、ⅰ本件取引の検討又は交渉に関連して相手方から開示を受けた情報、ⅱ本契約の締結の事実並びに本契約の存在及び内容、並びにⅲ本件取引に係る交渉の経緯及び内容に関する事実（以下「秘密情報」と総称する。）を、相手方の事前の書面による承諾なくして第三者に対して開示してはならず、また、本契約の目的以外の目的で使用してはならない。ただし、上記ⅰの秘密情報のうち、以下の各号のいずれかに該当する情報は、秘密情報に該当しない。

①　開示を受けた時点において、既に公知の情報

②　開示を受けた時点において、情報受領者が既に正当に保有していた情報

③　開示を受けた後に、情報受領者の責に帰すべき事由によらずに公知となった情報

④　開示を受けた後に、情報受領者が正当な権限を有する第三者から秘密保持義務を負うことなく正当に入手した情報

⑤　情報受領者が秘密情報を利用することなく独自に開発した情報

2　甲及び乙は、前項の規定にかかわらず、以下の各号のいずれかに該当する場合には、秘密情報を第三者に開示することができる。

①　自己の役員及び従業員並びに弁護士、公認会計士、税理士、司法書士及びフィナンシャル・アドバイザーその他のアドバイザーに対し、本件取引のために合理的に必要とされる範囲で秘密情報を開示する場合。ただし、開示を受ける者が少なくとも本条に定める秘密保持義務と同様の秘密保持義務を法令又は契約に基づき負担する場合に限るものとし、かかる義務の違反については、その違反した者に対して秘密情報を開示した当事者が自ら責任を負う。

②　法令等の規定に基づき、裁判所、政府、規制当局、所轄官庁その他これらに準じる公的機関・団体等により秘密情報の開示を要求又は要請される場合に、合理的に必要な範囲で当該秘密情報を開示する場合。なお、かかる場合、相手方に対し、かかる開示の内容を事前に（それが法令等上困難である場合は、開示後可能な限り速やかに）通知しなければならない。

3　甲及び乙は、相手方より開示された秘密情報（その写しも含む。）を、相手方から返還請求があれば速やかに返還する。

4　第3条に定める本契約の有効期間にかかわらず、本条に定める秘密保持の義務は別段の定めがない限り、本契約の有効期間満了後3年間存続する。

第2条（損害賠償）

情報受領者が本契約上の義務に違反したことにより、情報開示者が損害を被った場合、情報受領者は、情報開示者に生じた損害（合理的な範囲の弁護士費用を含む。）を賠償しなければならない。

第3条（有効期間）

本契約の有効期間は、本契約締結日より2年間とし、有効期間満了までに何れの当事者からも解約の申し出がない場合には、更に1年間延長し、以後も同様とする。

第4条（準拠法及び管轄裁判所）

1　本契約は、日本法に準拠し、これに従って解釈される。

2　本契約に関する一切の紛争（調停を含む。）については、○○地方裁判所を第一審の専属的合意管轄裁判所とする。

第5条（誠実協議）

甲及び乙は、本契約に定めのない事項及び本契約の条項に関して疑義が生じた場合には、信義誠実の原則に従い、誠実に協議の上解決する。

本契約締結の証として本書2通を作成し、甲乙記名押印の上各1通を保有する。

○○年○○月○○日

甲（所在地）
（名称）
（代表者）　　　　　　　　　　　　㊞
乙（所在地）
（名称）
（代表者）　　　　　　　　　　　　㊞

（中小企業庁「中小M&Aガイドライン―第三者への円滑な事業引継ぎに向けて―」の秘密保持契約書に加筆修正）

秘密保持契約を締結するにあたってのポイントは、次の通りです。

①　情報共有の範囲（前文）

売り手と買い手で共有する情報を特定します。ひな型では「M&A取引の可能性を検討するに際し、甲乙が相互に開示する情報等」と範囲を限定しています。

②　情報を開示する第三者の特定（第１条第２項）

また、情報を開示する第三者も特定しておきます。ひな型では、「自己の役員及び従業員並びに弁護士、公認会計士、税理士、司法書士及びフィナンシャル・アドバイザーその他のアドバイザー」に対しては情報を開示できる旨を定めています。これらの者に情報を開示する場合には、それぞれ秘密保持契約を締結することが肝要です。

③　損害賠償の範囲（第２条）

損害賠償の範囲を明確にします。ひな型では、「情報開示者に生じた損害(合理的な範囲の弁護士費用を含む。)」としています。損害賠償の範囲を広くしたい場合には、「秘密保持義務違反に起因又は関連して生じた損害」とし、さらに「弁護士費用や逸失利益を含む」と定めます。逆に損害賠償の範囲を狭くしたい場合には、「故意または重大な過失による秘密保持義務違反から直接生じた損害」とし、「弁護士費用や逸失利益は含まない」と定めます。

④　秘密保持義務の期間（第１条第４項、第３条）

秘密保持期間は、開示される情報の重要性によりますが1〜5年とするのが一般的です。情報の重要性が低減しない情報が多ければ、終期を定めないこともあります。ひな型では、契約の有効期間を契約締結日より2年間、秘密保持の義務は本契約の有効期間満了後3年間とし、合計で5年間と定めています。

3　アドバイザリー契約書の締結

(1)　業務委託契約書（仲介）のひな型

M&Aアドバイザーとの契約には、仲介とFA（フィナンシャル・アドバイザリー）があります。仲介とFAは何が違うのでしょうか。

仲介は、売り手と買い手と双方と契約を締結し、両社の立場からM&Aの成約に尽力します。同じアドバイザーが売り手と買い手の双方に立ち、交渉の仲介を行い、中立的な立場で、M&Aの成立に向けた助言業務を行います。

FAは、買い手または売り手のいずれかと契約を締結し、一方の立場からM&Aの成約に尽力します。つまり、売り手または買い手のいずれかに立ち、売り手についた場合は売り手の利益の最大化を、買い手についた場合には買い手の利益の最大化を目指してM&Aの成立に向けた助言業務を行うものです。

大型案件やクロスボーダー案件については、利益相反の関係からアドバイザリーで行われることが多く、中小規模案件については仲介で行われることが多いのが実態です。

仲介は、売り手と買い手との利益相反となってしまう可能性があります。利益相反とは、一方の利益となると同時に、他方への不利益となることをいいます。仲介は、利益相反となる要素を秘めています。しかし、中小企業のM&Aにおいては、マッチングが困難であることや、中小企業の経営者の特性を踏まえた交渉を求められれること、アドバイザリー報酬が相対的に低いことなどの理由から、多くの取引が仲介によっているのが現状です。

仲介による場合、アドバイザーは、常にその行動に中立性、客観性を保持し、公平性の確保に努めなければなりません。また、売り手と買い手の意見が相違した場合の落としどころは、常に双方の「納得感」であることを意識して、交渉にあたるという姿勢が必要です。

経営者がM&Aアドバイザーにアドバイザー業務を委託することの意思を固

めたら、経営者とアドバイザー契約書を締結します。

M&A仲介業務委託契約書のひな型は、次の通りです。

M&A仲介業務委託契約書

【譲り渡し側株主】(以下「甲」という。)及び【仲介者】(以下「乙」という。)は、甲が株主となっている【譲り渡し側(株式会社)】(代表者:○○、本店所在地:○○。以下「対象会社」という。)に関するM&A取引(株式の譲渡及び取得、事業譲渡及び譲受、増資の引受け、合併、株式交換、会社分割、資本業務提携等の取引をいい、以下「本件取引」という。)に関し、乙が甲に対し仲介・斡旋その他の業務を提供することについて、以下のとおり契約(以下「本契約」という。)を締結する。

第1条(本件取引に関する仲介・斡旋等の業務の依頼)

甲は、甲又は対象会社が、本件取引の相手方候補となる者(以下「候補先」という。)との間で本件取引を行うことに関して、乙に対して、以下の各号に定める仲介・斡旋その他の業務(以下「本件サービス」という。)を依頼し、乙は、必要に応じ本件サービスを実施する。ただし、乙は、甲又は対象会社の代理人として法律行為を行うことはないものとする。

① 候補先の紹介及び斡旋
② 候補先の業務、財務及び経営戦略に関する情報の提供
③ 甲が本件取引の是非を検討及び決定するに際しての助言及び補助
④ 候補先又はその親会社若しくは株主に対する本件取引の提案
⑤ 本件取引の交渉への立会い
⑥ 本件取引のスキーム、価格その他取引条件にかかる助言
⑦ 本件取引の推進に必要な資料、企業概要書、諸手続及びスケジューリング等にかかる助言並びに補助
⑧ その他前各号に付随するサービスの提供

第2条(専任条項)

1 甲は、本契約の有効期間中、本件サービス及びこれに類似する業務を乙以外の第三者に依頼しないものとし、また対象会社をしてこれを第三者に依頼させないものとする。
2 前項にかかわらず、甲は、乙に事前に予告した上、第4条第2項第2号及び第3号に定める者に対し、特段の理由がない限り、本件取引に関する一切の相談を行うことができる。

第3条(直接交渉の制限)

甲は、乙の事前の承諾なく、候補先又はその代理人に接触しないものとし、また対象会社をして同様の行為をさせないものとする。

第4条(秘密保持義務)

1 甲及び乙は、ⅰ本件取引の検討又は交渉に関連して相手方から開示を受けた情報、ⅱ

本契約の締結の事実並びに本契約の存在及び内容、並びにⅲ本件取引に係る交渉の経緯及び内容に関する事実（以下「秘密情報」と総称する。）を、相手方の事前の書面による承諾なくして第三者に対して開示してはならず、また、本契約の目的以外の目的で使用してはならない。ただし、上記ⅰの秘密情報のうち、以下の各号のいずれかに該当する情報は、秘密情報に該当しない。

① 開示を受けた時点において、既に公知の情報

② 開示を受けた時点において、情報受領者が既に正当に保有していた情報

③ 開示を受けた後に、情報受領者の責に帰すべき事由によらずに公知となった情報

④ 開示を受けた後に、情報受領者が正当な権限を有する第三者から秘密保持義務を負うことなく正当に入手した情報

⑤ 情報受領者が秘密情報を利用することなく独自に開発した情報

2　前項の規定にかかわらず、甲及び乙は、以下の各号のいずれかに該当する場合には、秘密情報を第三者に開示することができる。

① 自己（甲においては対象会社を含む。）の役員及び従業員に対し、本件取引のために合理的に必要とされる範囲内で開示する場合

② 弁護士、公認会計士、税理士、司法書士及びフィナンシャル・アドバイザーその他の秘密保持義務を負うアドバイザーに対し、本件取引のために合理的に必要とされる範囲内で開示する場合

③ 裁判所、政府、規制当局、所轄官庁その他これらに準じる公的機関・団体（事業引継ぎ支援センターを含む。）に対し、合理的に必要とされる範囲内で開示する場合

3　甲及び乙は、本件取引が成約に至らなかった場合には、相手方より開示された秘密情報（その写しも含む。）を、相手方から返還請求があれば速やかに返還する。

4　第5条に定める本契約の有効期間にかかわらず、本条に定める秘密保持の義務は別段の定めがない限り、本契約の有効期間満了後3年間存続する。

第5条（有効期間）

1　本契約の有効期間は本契約締結日から1年間とする。ただし、有効期間の満了日の1週間前までに甲又は乙による特段の申出がない場合、本契約は、同じ条件で更に1年間、自動的に延長されるものとする。

2　前項の規定にかかわらず、本契約は、本件取引の検討又は交渉が終了した場合には、その時点で終了する。

第6条（報酬等）

1　甲は乙に対し以下の要領で報酬を支払う。

① 着手金

甲は乙に対し、ⅰ甲若しくは対象会社と候補先とが当事者面談を行い本件取引の検討を進めることを甲若しくは対象会社と候補先との間で確認した場合、又はⅱ甲若しくは対象会社と候補先との間で秘密保持契約を締結した場合には、当事者面談後又は甲若しくは対象会社と候補先との間の秘密保持契約締結後○日以内に、着手金として○○円を支払う。着手金は本件取引が成就しなかった場合でも返還されないものとする（ただし、第7条第3項に規定する清算を行う場合を除く。）。

② 中間金

甲は乙に対し、甲又は対象会社と候補先との間で基本的な合意がなされた後○日以内に、中間金として○○円を支払う。中間金は本件取引が成就しなかった場合でも返還されないものとする（ただし、第7条第3項に規定する清算を行う場合を除く。）。なお、本条における基本的な合意とは、基本合意（基本合意書、覚書、確認書等、合意文書の名称は問わない。）の締結及び候補先から甲又は対象会社に対する意向表明書の差し入れを含む、デューディリジェンス前になされる合意をいう。

③ 成功報酬

甲又は対象会社と候補先との間で本件取引が実行された場合には、甲は乙に対し、本件取引の対価の価額（以下「譲渡価額」という。）に応じて、下記の表に従い、各階層の「基準となる価額」に「乗じる割合」をそれぞれ乗じて算出した金額を合算した合計額を、本件取引実行後○日以内に、成功報酬として支払う。ただし、当該合計額が○○円（以下「最低報酬」という。）未満となる場合には、最低報酬を支払う。なお、本項第1号及び前号に基づき支払済みの着手金及び中間金は、成功報酬から差し引くものとする。

記

基準となる価額（円）	乗じる割合（%）
5億円以下の部分	5
5億円超10億円以下の部分	4
10億円超50億円以下の部分	3
50億円超100億円以下の部分	2
100億円超の部分	1

2　本件取引が実行されることなく本契約が終了した場合で、本契約終了後2年以内に甲又は対象会社と候補先（乙が関与又は接触し、甲に対して紹介した者に限る。）との間で本件取引が実行された場合には、第5条に定める有効期間にかかわらず、甲は乙に対し、本条第1項第3号の報酬を支払うものとする。

3　甲が本条で定める報酬を支払う場合には消費税（本項においては、消費税及び地方消費税をいう。）額分として当該金額に消費税率を乗じて算出される金額を加算して支払う。

4　本条で定める報酬に加え、乙が本件サービスを遂行する上で要した費用のうち、甲の事前の了解を得た特別の事由（出張、外部への委託調査等）により出費が生じた場合には、甲は乙に対し当該費用を支払う。

第7条（解除）

1　甲は、本件取引のクロージング前に限り、いつでも本契約を解除することができる。

2　乙は、次のときには、本契約を解除することができる。

① 甲が、第6条に定める報酬のいずれかの支払を約定通り行わず、かつ、乙が相当の期間を定めて催告したにもかかわらず、これに応じなかったとき

② 甲が乙に対し虚偽の事実を申告し、又は事実を正当な理由なく告げなかったため、乙の本件サービスの処理に著しい不都合が生じたとき

3　第1項及び前項の規定により解除した場合には、本件サービスの業務実施の程度に応

じて第6条記載の報酬及び費用の清算を行うこととし、業務実施の程度についての甲及び乙の協議結果に基づき、第6条に定める報酬及び費用の全部又は一部の返金又は支払を行うものとする。

第8条（乙の責任）

1　甲は、乙が行う助言等の採否の決定、本件取引に関する各種契約締結の決定及び本件取引に関する諸手続を、自らの判断で行い、かつ自ら契約締結行為をなすものとする。

2　乙は、本件サービスの実施について、甲に対し、善良な管理者の注意義務を負う。

3　乙は、本契約に基づき甲に対し一定の成果ないし効果の実現を保証し又は請け負うものではない。

第9条（準拠法・管轄）

1　本契約は、日本法に準拠し、これに従って解釈される。

2　本契約に関する一切の紛争（調停を含む。）については、○○地方裁判所を第一審の専属的合意管轄裁判所とする。

第10条（誠実協議）

甲及び乙は、本契約に定めのない事項及び本契約の条項に関して疑義が生じた場合には、信義誠実の原則に従い、誠実に協議の上解決する。

本契約締結の証として本書2通を作成し、甲乙記名押印の上各1通を保有する。

○○年○○月○○日

甲
（住所）
（氏名）　　　　　　　　㊞
乙
（所在地）
（名称）
（代表者）　　　　　　　㊞

（中小企業庁「中小M&Aガイドライン―第三者への円滑な事業引継ぎに向けて―」のM&A仲介業務委託契約書に加筆修正）

(2) アドバイザリー契約締結時の注意点

契約の認識の行き違いも生じる可能性があることから、アドバイザリー契約を締結するにあたっては、契約書について、1条ごとに読み合わせを行うのがよいでしょう。アドバイザリー契約を締結する際には、次の点に注意します。

①　仲介とFAの違い（第１条）

前述のとおり、M&AアドバイザーがM&Aを支援するにあたっては、仲介とFAの２種類があります。仲介は、売り手と買い手の間に立って、交渉の仲介を行い、中立的な立場で、M&Aの成立に向けてアドバイスを行います。FAは、売り手または買い手のいずれかについて、一方の立場から一方の利益を最大化すべく相手と交渉を行い、M&Aの成立に向けてアドバイスを行います。

仲介とFAの違いを経営者に十分に説明し、理解をしてもらったうえで、契約を締結します。

②　専任条項（第２条）

アドバイザリー契約は、原則として専任が望まれます。専任でない場合には、複数のアドバイザーがそれぞれに買い手候補先に打診することとなり、打診先が重複することもあります。打診する前に売り手企業によるチェックで防げますが、実際ルール通り進めない業者もいます。また、統制が効きにくくなります。情報が出回りすぎることによって企業価値に影響することもありえます。専任でなければ受託しないというM&A仲介会社もあります。

仲介契約を専任で締結したい旨を経営者にしっかり伝え、契約できちんと定めます（第２条）。２項では、士業等専門家等にセカンドオピニオンを求めることができるものとしています。なお、民法第108条では、自己代理・双方代理の禁止を禁止することで、利益相反行為を禁止していますが、本人があらかじめ許諾した行為については、この限りではないと定めています。事後のトラブルを避けるため、アドバイザリー契約においても、次の条項を入れておくものよいでしょう。

> 第〇条（候補企業との契約）
> 　甲は、乙が候補先又はその株主との間に、本件サービスに関し、本契約と同一又は類似の契約を締結し、その契約に基づいて候補先又はその株主に対し、アドバイザーとしての業務を提供することを承諾し、その契約の締結及びその履行が乙の甲に対する本契約上の義務に違反しないことを確認する。

③　直接交渉の制限（第３条）

売り手が、直接買い手企業と接触し、交渉することを禁止します。もし、売り手と買い手企業が直接交渉してしまった場合には、当事者同士の直接交渉によりM&Aの実現可能性が低くなる可能性もあり、M&Aアドバイザーの正当な役務提供が実行できず、正当な報酬を受けることができなくなってしまいます。

④ 報酬（第6条）

M&Aアドバイザーの報酬は、一般的には、着手金、中間金、成功報酬の3段階の料金体系が多いです。成功報酬の額は、特別な取り決めはありませんが、業界慣行として、レーマン方式が採用されています。ドイツの経営学者レーマンの学説の成果配分方式の考えを取り入れたものです。レーマン方式は、報酬基準額に料率を乗じて計算します。

報酬については、依頼者と受託者でトラブルになりやすいので、相互に誤解のないよう、報酬の算定基準、支払うタイミング、最低報酬についてきちんと数字を使って説明します。

第2項には、テール条項が定められています。M&A未成立で仲介契約が終了した後、一定期間内に譲渡側がM&Aを行った場合、その仲介者が報酬を請求できることとする条項です。まさしく、「しっぽ（尾）」の契約なので、テール条項と呼ばれています。対象となるM&Aは、仲介者が関与または接触し、譲渡者に対して紹介した者とのM&Aに限定されています。

4 報酬の考え方

(1) 報酬の体系

M&Aアドバイザー報酬は、次の3つとなることが多いようです。

① 着手金（案件化料及び企業評価料）

② 中間金（基本合意時）

③ 成功報酬

会社譲渡が成約するまでの役務提供の工数や経費もそれなりにかかりますので、①着手金（案件化料及び企業評価料）、②中間金を請求するM&Aアドバイザー会社もあります。

ここでいう案件化料とは、経営者から会社に関する資料を受領し、資料を整理したり、企業概要書を作成したりすることに対する対価です。企業評価料は、M&Aアドバイザーから見て適正と思われる企業評価を算出することに対する対価です。

一般的に、中間金は、基本合意時に報酬として受領します。

①着手金、②中間金を受領する場合には、理由の如何を問わず返還しないとするM&Aアドバイザーが多いようです。一方で、活動料として、月額料金を請求するM&Aアドバイザーもいます。

近年は、会社譲渡の受託競争も激しく、完全成功報酬のみで、①着手金、②中間金が一切不要をうたうM&Aアドバイザー会社もあります。

また、金額については、レーマン方式に代表される変動報酬だけでなく、固定報酬もあり、月額固定報酬（リテイナーフィー）とする会社もあります。中小企業庁M&Aガイドラインでは、報酬について次の確認項目を設けています。契約締結時には、あいまいにせず明確に説明しましょう。

① 手数料はどのような基準で算定し、どの時期に支払う必要があるのか

② 最低手数料は設けられているのか

(2) レーマン方式

M&A アドバイザーの成功報酬は、一般的に、レーマン方式で計算された報酬とするのが一般的です。レーマン方式は、「報酬基準額」に段階的な「料率」を乗じて計算します。レーマン方式は、ドイツ人経営学者・レーマン博士の成果分配方式の考え方を取り入れたものです。

① レーマン方式の報酬基準額

報酬基準額の考え方は、M&A アドバイザーによって、大きく異なります。そもそもの報酬額の基準となるものですから、依頼者と受託者の間で、誤解のないように十分確認しておきましょう。

報酬基準額には、次の 4 つの類型があります。

① 株式譲渡価額基準

② 受取額（株式譲渡価額＋貸付金の返済を受けた額）基準

③ 企業価値（株式譲渡価額＋有利子負債額）基準

④ 移動総資産（株式譲渡価額＋負債総額）基準

例えば、次のような会社を 5 億円で譲渡したと仮定します。

貸借対照表

資産	10 億円	買掛金	4 億円
		銀行借入金	3 億円
		株主借入金	2 億円
		純資産額	1 億円

	報酬基準額	レーマン方式料率による成功報酬（税抜）
① 株式譲渡価額基準	5 億円	25 百万円
② 受取額基準	5+2=7 億円	33 百万円
③ 企業価値基準	5+3+2=10 億円	45 百万円
④ 移動総資産基準	5+4+3+2=14 億円	57 百万円

② レーマン方式の料率

(a) 一般的な方式（料率逓減）

レーマン方式の料率は、階段式に料率が設定されています。次表のような料率が使用されています。

基準となる価額（円）	乗じる割合（%）
5億円以下の部分	5%
5億円超10億円以下の部分	4%
10億円超50億円以下の部分	3%
50億円超100億円以下の部分	2%
100億円以下の部分	1%

例えば、「報酬基準額」が14億円だったとします。この場合には、次の報酬となります。

5億円以下の部分	5億円×5%	=2,500万円
5億円超10億円以下の部分	(10億円−5億円)×4%	=2,000万円
10億円超50億円以下の部分	(14億円−10億円)×3%	=1,200万円
合計		5,700万円

(b) 逆レーマン方式（料率逓増）

「逆レーマン方式」を採用する場合もあります。レーマン方式は、基準となる価額が上がるにしたがって乗じる割合が逓減しますが、逆レーマン方式は基準となる価額が上がるにしたがって乗じる割合が逓増するというものです。

要は、基準となる価額が高くなれば高くなるほど、乗じる割合が上がり、売り手企業のアドバイザーの動機づけとなるため、売り手企業のアドバイザーの報酬に採用されることがあります。

(3) 最低報酬

基準となる価額がそれほど高くない会社のM&Aアドバイザー報酬は、基準となる価額に乗じる割合を乗じて計算すると、報酬額が少なくなります。例えば、基準となる価額が5,000万円の会社の譲渡については、単純にレーマン方式で計算すると、「5,000万円×5%=250万円」となります。

さすがにこの金額ではM&Aアドバイザーがアドバイザリー業務を遂行することができないこともあります。このため、最低報酬金額を定めるのが一般的です。

最低報酬金額は、大手M&A仲介会社では2,000〜2,500万円、中堅のM&A仲介会社では300〜500万円といわれています。

(4) テール条項

M&Aが成立することなく、仲介契約が終了した場合に、契約終了後から一定の期間（テール期間）の間に売り手とアドバイザーが関与または接触し、紹介した買い手候補との間でM&Aが成立した場合には、売り手企業に対し、M&A仲介手数料を支払う義務を定めます。これは、売り手または買い手候補がアドバイザリーフィーを支払いたくないとの理由でM&Aを不成立とし、その後M&Aを成立させることを防ぐために定められる規定です。一定の期間は、2〜3年と定められることが多いようです。

中小企業庁M&Aガイドラインでは、テール条項について次の確認項目を設けています。契約締結時には、あいまいにせず明確に説明しましょう。

① M&A未成立で仲介契約・FA契約が終了した後、一定期間内に譲り渡し側がM&Aを行った場合に、その仲介者・FAが手数料を請求できることとする条項（テール条項）は設けられているか

② その期間は2年〜3年以内か

③ 対象となるM&Aは、その仲介者・FAが実際に紹介してきた譲受け側とのM&Aに限定されるか

第 4 章

ノンネームシートと企業概要書の作成

1　企業概要書の作成

(1)　資料の収集

M&Aを案件化するには、次のような資料を収集して、分析します。顧問税理士であれば、すでに入手している資料も多いとは思います。会社のビジネスの理解や実態を理解するために、これらの資料以外でも、いろいろな資料を追加で請求してもよいでしょう。

区分	資料名	期間
概要	会社パンフレット、製品・サービスカタログ	最新
	定款	最新
	履歴事項全部証明書（登記簿謄本）	最新
	株主名簿	最新
財務	法人税申告書、決算書、勘定科目内訳書、地方税申告書、消費税申告書	3期分
	税務調査資料、修正申告、更正決定通知書	あれば
	進行期の月次試算表	進行期
	固定資産台帳	直近
	土地・建物の不動産登記簿謄本	最新
	固定資産税通知書（固定資産税評価額が分かる資料）	直近
	事業計画（投資計画、人員計画を含む）	進行期・3期分
	事業分析資料（部門別、製商品別、得意先別等）	進行期・3期分
人事	組織図	最新
	役員の経歴	最新
	従業員名簿（氏名、年齢、勤続年数、役職、保有資格、月額給与）	最新
	社内規程（就業規則、給与規程、退職金規程等）	最新

法務	金銭消費貸借契約書	最新
	借入金残高一覧	最新
	リース契約一覧	最新
	保険契約一覧	最新
	取引先との取引基本契約書	
	取引先との個別契約書	
	その他重要な契約	
	許認可一覧・許認可証	最新
	株主総会議事録・取締役会議事録	３年分

⑵　売り手企業の企業分析・業界調査

①　売り手企業の沿革

まず、確認するのは売り手企業の沿革です。会社設立後、どのような経緯で事業を拡大してきたかを売り手オーナーへの質問、会社のホームページや、営業用パンフレットなどから確認します。

②　売り手企業の利益の源泉

売り手企業の利益の源泉・強みは何かを把握します。

企業の利益の源泉強みには、産業財産権（特許権、実用新案権、商標権、意匠権)、著作権、商号、営業上の機密事項や、顧客リスト、特許で保護されていない技術、データベース、研究開発活動の途中段階の成果、ブランド（プロダクトブランド、コーポレートブランド）などがあります。また、売り手企業が属する市場自体に価値があれば、一定の占有率を有していること自体が利益の源泉・強みになります。

売り手企業の経営者との面談で売り手企業の利益の源泉・強みを十分に把握する必要があります。この利益の源泉・強みを把握できれば買い手を探すことが容易になります。

コンサルティングファームが利用するビジネスフレームワークを利用して事業内容を分析することもよいでしょう。

売り手対象会社のビジネスを理解するには、ビジネスフレームワークが有用です。SWOT 分析、ビジネスモデルキャンバスなどの分析手法があります。

SWOT 分析とは、ビジネスの外部環境や内部環境を、強み、弱み、機会、脅威の 4 つのカテゴリーで要因分析するという分析手法です（144 頁参照）。

一方、ビジネスモデルキャンバスとは、ビジネスを、顧客、価値、販路、関係、収益の流れ、資源、主要活動、協力者、コスト構造の 9 つのカテゴリーで要因分析するという分析手法です。

<table>
<tr><td colspan="2" rowspan="2">協力者
・取引先
・仕入先
・外注先</td><td colspan="2">活動
・事業活動</td><td colspan="2" rowspan="2">価値
・商品
・製品
・サービス</td><td colspan="2">関係
・対面
・間接
・継続</td><td colspan="2" rowspan="2">顧客
・ターゲット</td></tr>
<tr><td colspan="2">資源
・ヒト
・モノ
・カネ</td><td colspan="2">販路
・店舗
・オンライン
・訪問</td></tr>
<tr><td colspan="5">コスト構造
・人件費　・設備費用
・外注費　・固定費
・広告宣伝費　・変動費</td><td colspan="5">収益の流れ
・商品、製品、サービスの販売による収入
・保守・メンテナンス収入
・サブスクリプション収入</td></tr>
</table>

ビジネスモデルキャンバスは、『ビジネスモデル・ジェネレーション　ビジネスモデル設計書』（翔泳社）で詳細に説明されています。

③　売り手企業の実態貸借対照表

売り手企業の財政状態を把握するのは、顧問税理士であれば容易でしょう。

まずは、資産を事業用資産と非事業用資産に区分しましょう。非事業用資産としては、(a)役員社宅、(b)役員の社用車（個人使用）、(c)ゴルフ会員権・施設利用権、(d)会社の保養所（個人使用）、(e)本業に関係ない収益用不動産などがあります。非事業用資産については、会社の譲渡にあたって、対象外とし、売り手オーナーや、売り手オーナーの資産保全会社で買い取ります。

非事業用資産を除外して、各事業年度の貸借対照表の比較推移を作成し、増減分析をします（141 頁参照）。

企業価値評価にあたっては、企業の保有する資産負債の時価評価が重要です。会計と税務で帳簿価額が異なっている資産・負債を別表五で確認します。次に、回収可能性の低い営業債権、売却可能性の低い棚卸資産を売り手企業の経営者への質問として把握しておく必要があります。企業の保有する資産負債を、財産評価基本通達の純資産価額法に準じた方式で構いませんので、時価評価しておくのがよいでしょう。退職給付債務（期末要支給額）についても認識します。

④　売り手企業の実態損益計算書

売り手企業の損益状態を把握するのも、顧問税理士であれば容易でしょう。

まずは、実態損益計算書を作成します。(a)役員報酬、(b)オーナーと会社との取引の把握（オーナーの個人的費用)、(c)非経常的な損益の把握（過大費用、一時的な収益・費用)、(d)継続を予定してない事業から生じている赤字、(e)先行投資に関する費用(f)通常の役員報酬（買収後の想定役員報酬）などの損益を集計し、通常の営業利益に加減算します（135頁参照)。

各事業年度の損益計算書の比較推移を作成し、増減分析をします。

企業評価をする際に、EBITDAという指標を使用することがあります。EBITDAとは、イービットダーあるいはイービットディーエーと読みます。Earnings Before Interest Taxes Depreciation and Amortizationの略で、直訳すれば、支払利息・税金・減価償却費計上前利益で、いわば、キャッシュでの儲けです。次の算式で算出できます。

EBITDA＝税引前当期純利益＋支払利息＋減価償却費
（※）実務上は「EBITDA＝営業利益＋減価償却費」で計算します。

損益計算書からEBITDAを算出しておきましょう。

EBITDAは企業価値評価に使われます。中小企業のM&Aにおいては、EBIDAの2〜10倍程度が目安とされています。もちろん、これ以上での取引もあります。倍率は業種によって異なります。

⑤　売り手企業の将来の損益予測

売り手企業の今年度予算や中長期事業計画については、顧問税理士といえども入手していないケースも多いかもしれません。

中小企業においては、今年度予算や中長期事業計画を作成していない会社も多いため、そもそも今年度予算や中長期事業計画がないということもあります。この場合には、売り手オーナーに売上予測や特別支出項目をヒアリングするとともに、過年度の損益の傾向（粗利率、変動費・固定費の区分など）を取り込んで、少なくも今年度予算は作成しておくのが肝要でしょう。買い手は、買収後の利益に関心があります。M&Aアドバイザーが事業計画を売り手オーナーと一緒に作成するのは、売り手企業の利益構造を理解することの一助にもなります。

(3) 企業概要書の具体的な内容

企業概要書は、インフォメーションメモランダム（IM）とも呼ばれます。売り手企業の会社概要や財務数値等の情報を詳細に記載したもので、売り手企業から買い手に提供される資料です。買い手候補者は企業概要書をみて、買収の検討を進めるかどうかを判断します。

企業概要書には、次のような内容を記載します。

① 会社の概要
② 会社の沿革
③ 当社の強み・弱み
④ ビジネス分析（売上・仕入・外注先等）
⑤ 役員の紹介
⑥ 従業員の概要（従業員数、平均年齢、平均給与等）
⑦ 貸借対照表分析
⑧ 損益計算書分析
⑨ M&Aスキーム及び希望条件

企業概要書は、いろいろな資料を見なくても案件の概要がわかるように取りまとめます。売り手のアドバイザーのセンスが問われます。企業概要書は、テキスト、図表、画像、グラフなどが多用されるため、一般的にMicrosoft

PowerPointなどのプレゼンテーションソフトウェアで作成されます。

なお、企業概要書は、M&Aアドバイザーが売り手の経営者の協力のもと作成しますが、必ず作成される書類ではありません。会社の概要がわかる基礎資料一式をインフォメーションパッケージとして、買い手候補者に提供することもあります。インフォメーションパッケージとは、会社の重要資料をまとめたものであり、概ね次のような資料です。

区分	資料名	期間
概要	履歴事項全部証明書	最新
	定款	最新
財務	税務申告書一式	直近３期分
	月次試算表	進行期
人事	従業員名簿（匿名）	最新
	賃金台帳（匿名）	最新
	就業規則	最新
	賃金規程	最新

「④ビジネス分析」の記載内容は、特に会社の買収の可否を判断する最も重要な材料ですので、次のようなポイントを押さえ、時間をかけて記載します。

(a) 商品・製品・サービスの内容（カタログ、パンフレット）

(b) 売上1件あたりの平均単価（契約形態）

(c) 売上の季節変動の有無

(d) 事業の特徴・特色（強み）

(e) 顧客層・販売戦略

(f) 競合他社・市場動向

(g) 競合他社と差別化を図るための取組み

(h) 事業経営の課題（弱み）

(i) 販売先・仕入先・外注先の状況（ランキング、シェア）

(j) 人件費の支払い（締日、支払日等）

株式会社○○御中

企業概要書

株式会社○○

○○年○○月○○日

○○アドバイザリー株式会社

はじめに

本報告書（以下、「本書」という。）は、貴社が株式会社○○（以下、「対象会社」という。）との間で行われる株式譲渡、譲受、事業譲渡、譲受、新株式の第三者割当発行及び引受け、合併その他一切の提携行為（以下、「本件」という。）をご検討いただく資料としてのみ利用されることを目的に○○アドバイザリー株式会社「以下、「弊社」という。」が作成したものです。

○　本書は、弊社が対象会社より提供された資料に基づいて作成しております。弊社は、対象会社から提供を受けた資料の真実性、正確性、妥当性について保証するものではありません。弊社が、本件の意思決定するために必要なすべての情報を網羅しているものではありません。また、本書中、将来予測及び見込み等が含まれる場合には、その実現可能性について弊社は何ら責任を負うものではありません。

○　本書には、重要な内部情報が含まれておりますので、取り扱いには十分ご留意いただきますようお願い申し上げます。

○　本書は、弊社の事前の同意なしに、他の目的に使用すること、または第三者に公表することはできません。

○　本書は、目的外使用から生じたいかなる事項に関しても、弊社は一切の責任を負いません。

○　本件が実現しないことが確定した場合には、弊社より開示された秘密情報が含まれている書類・電子データ・複写物その他すべての媒体を、速やかに廃棄または返却願います。

【企業概要】

会社名（商号）	株式会社××
本店所在地	東京都千代田区××
事業内容	システム開発（ソフトウェア開発、ハードウェア開発）
設立年月日	1985年7月1日
代表者名	瓜田　一郎
従業員数	150名（○○年3月31日現在）
直近業績	売上高　　××千円（2020年3月期） 営業利益　××千円
主要販売先	
主要仕入先	
取引銀行	
加盟団体	一般社団法人　××会　正会員 一般社団法人　××会　正会員 特定非営利活動法人　××会　会員

【事業概要】

〈記載のポイント〉

事業概要

売り手企業の①業種や、②地域や業界におけるバリューチェーン（購買物流、製造、出荷物流、販売マーケティング、サービス）の事業エリア、③顧客対象などを記載します。同業種企業が買収する場合には、売り手企業事業エリアや顧客対象を注目します。買収後のシナジー効果が描けるような記載が望まれます。

業績の概要

業績の概要には、①直近の業績推移、事業の概況、②将来の見込みなどを記載します。直近の業績推移については、数字だけではなく、その傾向などを文字にしましょう。また、将来の見込みについても、上昇傾向にあるか、下落傾向にあるかを含めて記載します。事業のプロダクトライフサイクル（導入期、成長期、成熟期、飽和期、衰退期）上、どの位置にあるかも意識します。

会社の強み

会社の強みについて、自己分析を行い記載します。自己分析については、ビジネスフレームワークを利用して行うのがよいでしょう。SWOT分析のほか、ビジネスモデルキャンバスのフレームワークがあります。

許認可一覧

許認可がある場合には、許認可の内容を一覧でまとめます。

【沿革】

年　月	沿　革
1985 年 7 月	静岡県三島市に法人設立。システム受託開発事業を開始
1998 年 4 月	大阪支店を開設
2011 年 11 月	本社を東京都千代田区に移転

【株主の状況】

株主名	関係	所有株式数	持株比率	備考
瓜田一郎	代表者	500 株	50%	
瓜田花子	代表者の配偶者	200 株	20%	
瓜田太郎	代表者の子	200 株	20%	
従業員持株会		100 株	10%	
合計		1,000 株	100%	

〈記載のポイント〉

株主一覧をまとめます。名義株式がないかも経営者に確認します。

【役員の状況】

役員	役職	氏名	性別	年齢	勤続年数	職務内容
代表取締役	社長	瓜田一郎	男	80	30	
取締役	専務	田中一郎	男	55	20	営業担当
取締役	常務	山田太郎	男	50	20	管理担当

【従業員の状況】

氏名	性別	年齢	勤続年数	役職	部署	職務内容
××××	男	60	30	部長	業務部	
××××	男	50	20	課長	業務部	
××××	女	30	15	主任	営業部	

〈記載のポイント〉

従業員の状況

ヒトが企業価値の一部を構成する会社も多くあります。会社譲渡にあたって、役員、従業員の承継もひとつの大きな課題です。役員の担当職務、経歴、在籍年数、資格等を一覧にまとめます。従業員についても、個人名の記載は不要ですが、年齢、性別、在籍年数、資格等を一覧にまとめます。視覚的にわかりやすく、組織図についても記載します。

【主要販売先別売上高】

会社名	所在地	取引内容	売上高	決済方法	回収サイト
A 社	東京都××	甲事業	100,000	現金	末締翌月払
B 社	東京都××	甲事業	90,000	現金	末締翌月払
C 社	大阪府××	乙事業	80,000	現金	末締翌月払
D 社	大阪府××	乙事業	70,000	手形	末締翌月払

〈記載のポイント〉

顧客情報／仕入先・外注先情報

主要販売先、主要仕入先、主要外注先を、それぞれ上位 10 社程度リストアップします。

顧客情報は買い手にとって、とても興味深いところです。買い手候補先の既存顧客と重複していないのであれば、買収後、売上規模拡大の可能性があります。一方、買い手候補先の既存顧客とかぶっている場合には、買収後、顧客におけるシェアが高くなりすぎ取引リスクの分散のため、顧客からシェア引下げの要請のリスクもあります。

また、仕入先・外注先についても、買収後、例えば、買い手候補先の仕入先・外注先に更なる原価の引下げの可能性があります。

企業概要書が提示されるのは株式譲渡に関する基本合意前ですので、営業機密にかからない範囲で開示します。

【主要仕入先別仕入高】

会社名	所在地	取引内容	仕入高	決済方法	支払サイト
G 社	東京都××	ハードウェア	50,000	現金	末締翌月払
H 社	東京都××	ハードウェア	50,000	現金	末締翌月払
I 社	大阪府××	ソフトウェア	40,000	現金	末締翌月払
J 社	大阪府××	ソフトウェア	40,000	現金	末締翌月払
K 社	静岡県××	消耗品	30,000	現金	末締翌月払

【主要外注先別外注高】

会社名	所在地	取引内容	仕入高	決済方法	支払サイト
M 社	東京都××	システム開発	100,000	現金	末締翌月払
N 社	東京都××	システム開発	90,000	現金	末締翌月払
O 社	大阪府××	システム開発	80,000	現金	末締翌月払
P 社	大阪府××	システム開発	70,000	現金	末締翌月払

【貸借対照表推移】

貸借対照表の状況（1）

	N−2 年度	N−1 年度	N 年度簿価	調整額	時価	非事業用資産
【流動資産】	520	520	520	△ 30	490	
現金	300	300	300		300	◎
普通預金	100	100	100		100	◎
売掛金	100	100	100	△ 20	80	
前払費用	10	10	10		10	
仮払金	10	10	10	△ 10	0	
【固定資産】	520	520	520	100	620	
器具備品	10	10	10		10	
土地	500	500	500	100	600	◎
保険積立金	10	10	10		10	◎
資産合計	520	520	520	70	590	

〈記載のポイント〉

貸借対照表の推移を過去 3 年程度、表にまとめます。

貸借対照表の状況（2）

	N−2 年度	N−1 年度	N 年度簿価	調整額	時価	非事業用資産
【流動負債】	100	101	100	0	100	
短期借入金	100	100	100		100	
買掛金	50	50	50		50	
未払法人税等	30	30	30		30	
預り金	30	30	30		30	
【固定負債】	100	101	100	0	100	
長期借入金	100	101	100		100	
負債合計	200	202	200	0	200	

	N−2 年度	N−1 年度	N 年度簿価	調整額	時価
純資産合計	320	318	320	70	390

負債及び純資産合計	520	520	520

所有及び賃貸不動産・設備

〈土地〉

土地	所在地	細目	取得年月	地積	利用状況	帳簿価額	時価	非事業用
宅地	東京都××	宅地	2010/9	300m^2	空地	100	200	◎

〈家屋〉

家屋	所在地	家屋番号	種類	構造	築年月	延床面積	利用状況	帳簿価額	非事業用
家屋	東京都××	120	家屋	鉄筋鉄骨	2010/9	600m^2	空き家	50	◎

〈製造設備〉

製造設備	所在地	生産能力	設置年月	稼働率	帳簿価額	非事業用
A 機械	静岡県	××	2019/8	100%	10	

〈記載のポイント〉

不動産は一覧にまとめ、事業用と非事業用に区分します。非事業用不動産は、株式譲渡に当たって、経営者が引き取る場合もありますので、この区分は重要です。賃貸用不動産・設備は、これらの情報に加え、年間地代、敷金保証金当を一覧にまとめます。

借入金残高一覧

〈借入金残高一覧〉

借入先	金額	種別	返済期限	月返済額	回数	金利	備考
A 銀行	100	短期借入金	—	—	—	1.00%	
B 銀行	200	長期借入金	2025/3/31	60	60	1.00%	

〈記載のポイント〉

借入れ条件を含んだ借入金一覧を作成します。

リース取引一覧

〈リース取引一覧〉

リース先	対象	返済期限	月支払額	回数	備考
C リース	複写機	2025/3/31	5	30	

〈記載のポイント〉

ファイナンスリース及びオペレーティングリースの一覧表を作成します。

【損益計算書推移及び実質営業利益の算定】

損益計算書の状況（1）

	N−2 年度	N−1 年度	N 年度	N+1 年度
	実績	実績	実績	見通
売上高	1,000	1,100	1,200	1,300
売上原価	500	510	520	530
売上総利益	500	590	680	770
販売費及び一般管理費	400	430	500	600
営業利益	100	160	180	170
役員報酬	200	200	200	200
交際費（個人的支出）	10	15	12	24
非経常費用	14	34	65	5
新役員報酬	−100	−100	−100	−100
実質営業利益	224	309	357	299

損益計算書の状況（2）

〈EBITDA の算定〉

	N−2 年度	N−1 年度	N 年度	N+1 年度
実質営業利益	224	309	357	299
減価償却費（原価）	30	30	20	35
減価償却費（販管）	20	10	15	20
EBITDA	274	349	392	354

〈記載のポイント〉

損益計算書、製造原価報告書（売上原価明細書）、販売費及び一般管理費の推移を過去3年程度表にまとめます。

実態営業利益は、①役員報酬、②オーナーと会社との取引の把握（オーナーの個人的費用）、③非経常的な損益の把握（過大費用、一時的な収益・費用）、④継続を予定してない事業から生じている赤字、⑤先行投資に関する費用などの損益を集計し、通常の営業利益に加減算します。対象会社の本来の実力（収益力）を表します。

【希望条件等】

項目	内容
譲渡方法	株式譲渡
希望譲渡金額	５億円
譲渡理由	後継者不在・事業の成長・発展のため
その他の希望	社員の雇用

〈記載のポイント〉

希望するM&A方法

株式譲渡や事業譲渡、退職金の有無、希望譲渡価額等を記載します。また、従業員の雇用や雇用条件、役員の処遇などの希望も記載します。

譲渡後の事業運営の希望

会社譲渡後、オーナーが譲渡後の会社の経営陣として残任したい場合にはその旨を記載します。オーナーが残任することを希望していなくても、買い手からビジネスが軌道に乗るまで残任してほしいとの要請がある場合もあります。

いずれにせよ、会社譲渡後、オーナーが譲渡後の会社の経営陣として、残任を希望するか、希望しないが残任は可能かなどを記載します。

【問い合わせ先】

担当者

会社名	○○アドバイザリー株式会社
役職・氏名	アドバイザー　甲野　太郎
所在	東京都千代田区○○ 1-1-1 ○○ビル 3F
電話番号	03-3333-3333
携帯番号	080-8888-8888
E-mail	taro.kono@abcde.co.jp

2　ノンネームシートの作成

ノンネームシートは、その名の通り譲渡希望企業の概要を記載した匿名の情報シートです。企業が特定されないように、企業の概要をA4用紙1枚程度に取りまとめたものです。M&Aアドバイザーは、買い手候補先にノンネームシートを提示して、興味を示す先を探します。

ノンネームシート作成のポイントは、企業が特定されないように情報を書くということです。情報をあまり詳細に記載してしまうと企業が特定されてしまい、あの会社が売りに出ているとの情報漏洩のリスクが高まります。

ノンネームシートは、①買い手候補リストの対象者など特定企業向けのものと、②不特定多数企業向けのものと2種類作成するのもよいでしょう。①は買い手候補先が興味を持つよう、ある程度詳細に、②は特定されないようぼやかして作成します。

①　事業内容・所在地

事業内容のキーワードには十分注意します。インターネットでキーワード検索するとトップに出てきてしまうようなワードは避けるべきです。所在地についても、県市町村などを記載せず、関東や関西といった広いエリアで記載します。

②　売上高・従業員数・事業の特徴

売上高は千円単位で記載することなく、一定の幅を持たせて数億円と記載すればよいでしょう。従業員も、具体的な人数ではなく一定の幅を持たせて記載すれば足ります。一方で、事業の特徴（強み）は、あまりにもぼやかしすぎると、会社の魅力が読み手に伝わらず、買い手が見つからないという事態を招きます。買い手が興味を持つように、SWOT分析における強みを明確に記載することが肝要です。微妙なさじ加減が求められます。

③　M&Aの方法

中小企業のM&Aの主な方法は①株式譲渡、②事業譲渡、③会社分割＋株式譲渡の3つです。売り手自身が税務メリットやM&A後の体制などを考慮して、これらの方法のうち1つを希望するM&Aの方法として記載します。

④　売却希望価額

売却希望価額については、買い手が検討しやすいよう、明確に明示する必要があります。

ノンネームシートは、次のような様式で記載します。

Confidential

〇〇年〇月〇日

譲渡希望企業のご案内

(1)会社の概要

事業内容	：〇〇の製造販売業
所在地	：関東・甲信越
売上高	：5～6億円程度
従業員数	：10～20名（アルバイト含む）
事業の特徴	：〇〇〇〇

(2) M&Aの概要

売却理由	：後継者不在のため
M&Aの方法	：株式100%の譲渡
売却希望価額	：5億円程度（ただし、条件により相談可）
その他の希望条件	：特になし

【お問い合わせ先】
〇〇アドバイザリー株式会社　担当者　甲野
東京都千代田区〇〇-〇〇-〇
TEL：00-0000-0000　　E-mail：XXX@XXX.co.jp

【本情報の取扱いについて】
本情報は貴社においてのみご利用いただくことを前提としております。弊社の許可なく、本情報を第三者に開示することのないよう、お願い申し上げます。

さらに、ティザーを作成することもあります。ティザーも、匿名情報シートですが、ノンネームシートより詳細な情報を記載した開示資料（A4用紙2～3枚程度）です。じらしの手法を活用した広告をティザー広告といいますが、英語でteaseは、「じらす」、「悩ます」といった意味を持ちます。匿名情報シートも譲渡希望企業の詳細を開示しませんので、「じらす」といったところから、匿名情報シートをティザーともいいます。

第 5 章

買い手の探索

1　買い手候補先一覧の作成

(1)　買い手候補先一覧の作成

買い手候補先となるような企業を探し出し、一覧表にまとめます。M&Aアドバイザーが過去に接点のあった企業や、会社のホームページ、帝国データバンクや東京商工リサーチなどの信用調査会社のデータベース、上場会社の有価証券報告書、IR資料、会社四季報、日経会社情報などにより買い手候補先企業を収集します。一般的には30～50社ほど収集します。

No	企業名	上場区分	事業内容	URL	住所	電話	代表者	売上高	従業員数
1	A社	上場	××	××	××	××	××	200	150
2	B社	非	××	××	××	××	××	100	50
3	C社	非	××	××	××	××	××	300	200
4	D社	上場	××	××	××	××	××	100	90
5	E社	非	××	××	××	××	××	250	200
6	F社	上場	××	××	××	××	××	150	100
7	G社	上場	××	××	××	××	××	100	50

(2)　買手候補先の絞込み

M&Aアドバイザーは、買い手候補先一覧をもとに、売り手オーナーに、買い手候補先への打診の可否を質問します。リストアップした買い手候補先には、売り手オーナーがNGと考える会社も含まれている可能性があります。NGの売却先に打診してしまうとトラブルに発展してしまうため、細心の注意を払う必要があります。また、多くの企業に打診をすると、会社の譲渡を検討しているという秘密が漏洩してしまう可能性が高くなります。経営者との討議を通じて、打診先を10社程度に絞り込みます。買い手候補先一覧をロングリスト、打診先を絞り込んだものをショートリストと呼ぶこともあります。

2　買い手候補先の探索

M&A アドバイザーは、対象企業に面談の依頼をします。接触先は、決定権のある役員か、M&A 担当部署がよいでしょう。まずは、ノンネームシートを使って、買い手候補先に売り手企業の買収の検討を打診します。

ところで、買い手はどのような動機により、企業を買収するのでしょうか。中小企業庁「2018 年版中小企業白書」では、次の 11 つを買い手の M&A の動機として挙げています。

① 売上・市場シェア拡大	② 事業エリアの拡大
③ 人材の確保	④ 経営不振企業の救済
⑤ 新事業展開・異業種への参入	⑥ 後継者不在企業の救済
⑦ 技術・ノウハウの獲得	⑧ 設備・土地等の獲得
⑨ コスト低減・合理化	⑩ ブランドの獲得
⑪ サプライチェーンの維持	

買い手候補先は、事業会社、ファンド、個人投資家などです。買い手候補先との接触は、既存の取引先、ダイレクトメール、電話、電子メールなどによるアポイントの新規申入れ、同業者や金融機関、士業からの紹介によります。

買い手候補先との面談では、ノンネームシートを提示し、買い手候補先の興味、意向を確認します。同時に、買い手候補先の社風や経営方針などを確認するとともに、買収資金の資金源（自己資金、借入れ）を確認します。借入れによる場合には実際に調達が可能かを確認します。

買い手候補先が、ノンネームシートを見て買収を検討したいということであれば、まずは、M&A アドバイザーは買い手候補先と秘密保持契約を締結します。その後、M&A アドバイザーから買い手候補先に企業概要書を提供します。これをネームクリアといいます。買い手候補先は、買収の可能性の具体的な検討をしてもらいます。

3 秘密保持契約の締結

買い手候補先に、売り手企業のさまざまな情報の提供を行います。また、M&Aアドバイザーとして買い手候補先にいろいろな質問をするなどしてさまざまな情報を入手することもあります。これらの情報は、売り手企業にとって第三者に開示されると困るものが多く含まれています。これらの機密情報を厳密に取り扱うことを宣誓するのが、秘密保持契約書です。これに違反した場合には、損害賠償責任が生じます。秘密保持契約書のひな型は、第3章 2 （34頁）を参照してください。

秘密保持契約は、売り手と買い手候補者が直接締結するのが原則です。しかし、M&Aを仲介によっている場合には、売り手と仲介会社が秘密保持契約を締結するとともに、買い手候補先と仲介会社が秘密保持契約書を締結します。また、M&Aをそれぞれのフィナンシャルアドバイザーによっている場合には、売り手と売り手のフィナンシャルアドバイザーが秘密保持契約を締結し、買い手候補先と買い手候補先のフィナンシャルアドバイザーが秘密保持契約を締結します。そのうえで、売り手のフィナンシャルアドバイザーと買い手候補先のフィナンシャルアドバイザーが秘密保持契約を締結することにより、これを担保します。

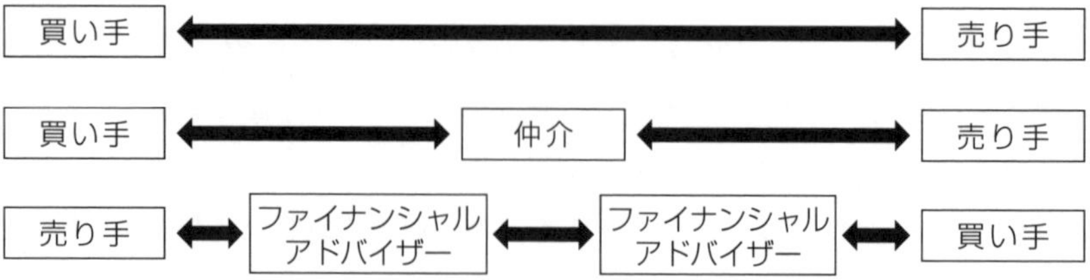

第 6 章

ノンネームシートと企業概要書の分析

1 ノンネームシートの読み解き方

買い手候補先は、ノンネームシートを見て、次のポイントを確認します。

① 本店・営業所所在地の地域

② 業種、事業内容

③ 事業規模（従業員数、売上規模、利益規模）

④ 譲渡希望価額

買い手候補先がこの企業の買収を検討すると判断した場合には、M&Aアドバイザーに対し、売り手企業の（企業名）と詳細情報の開示の申入れをします。

2　企業概要書の読み解き方

(1)　企業概要書の読み込み

買い手候補者は、M&Aアドバイザーから企業概要書を受領したら、すべてを読み込みます。企業概要書により、売り手企業の情報を分析し、その会社が自社にとってどれだけの価値があるかを検討します。

(2)　質疑応答

買い手候補先が、企業概要書を閲覧して、買収を前向きに進めるということになれば、いくつかの質疑応答を行います。

言った言わないといった事態を避けるために、定型のＱ＆Ａシートが利用されます。定型のＱ＆Ａシートは次のようなシートです。この様式は、デューディリジェンスにおいても使用されます。

No	質問日	質問者	質問／資料依頼	優先度	分野	参照資料	質問内容	回答状況	回答日	担当	回答

(3)　買収価額の検討

買い手企業は、売り手から、売り手企業をいくらで買うか（いくらまで出せるか）を算定します（第11章参照）。買収後の対象会社の事業計画を作成することもあります。投資金額（買収価額）を、買収後の対象会社からもたらされる将来の利益により何年間で回収し、回収後、どのくらいの利益の上乗せができるかを検討します。

まずは、売り手から入手した損益計算書から、実態損益計算書を作成します。M&Aアドバイザーから入手した企業概要書にも実態損益計算書が記載されていますが、買い手企業の立場から内容を再度吟味し直して、最終的な実態損益計算書を作成すべきです。

(4) 買収希望価額及び諸条件の提示

トップ面談を前に、買い手候補者から売り手に買収希望価額と諸条件の概要をM&Aアドバイザーを経由して提示します。譲渡希望価額が売り手から提示されていますので、買い手候補者はこれを踏まえたうえで、一定の幅を持たせて譲渡希望価額を提示します。

あまりにも価額がかい離しているのなら、トップ面談をする意味がありません。

売り手の希望譲渡価額は、売り手の実力値による評価額よりも高めに出してくることがほとんどです。一般的には、売り手の修正利益に基づく年倍法で評価しているでしょう。

買い手の立場からは、買い手の立場から観た売り手の実力値（修正利益）による評価額を算定したうえで、買収額としてどこまで出せるかを検討する必要があります。買収額の上限は、修正利益による評価額に買収後の相乗効果を積み上げた評価額です。売り手の譲渡希望価格を勘案して、買い手自身が出せる買収希望価額を提示します。買収価額はそのまま買収後の会計に影響することから、会計への影響も十分に検討しておきます。

第 7 章

トップ面談と意向表明・基本合意

1 トップ面談

買い手候補者が基本的に譲受けを行うとの決定を行い、買収価額の目線も合い、売り手もそれに応諾した場合には、交渉前の第一段階として、売り手と買い手のそれぞれの経営者が面談をします。トップ面談では、それぞれの経営者の想いや双方の会社の相性を確認します。本社や、工場等の本社以外の施設がある場合には、これらの施設も見学します。

なお、トップ面談は、原則的には売り手企業で行われます。トップ面談は極秘事項ですので、当日の買い手候補者の訪問目的は、新規取引のための会社見学といった名目で執り行われ、ごく一部の関係者のみに知らせます。念には念を入れて、スーツでなく作業着で訪問する買い手候補者もいます。

売り手にとって、買い手企業は、後継者であることに変わりありません。「後継者選び」の中心的な判断要素は買い手企業との相性や信頼感ですので、面談にて買い手を理解するとともに品定めをします。一方、買い手候補者にとっては、後継者に相応しい旨を自己アピールするとともに売り手企業のコンプライアンスや経営姿勢を、売り手オーナーとの面談で判断します。

さらに、双方のM&Aの最終的な「納得感」を得るための、譲歩・妥協できる落としどころを共有します。また、買い手のM&A後の経営方針や事業展開を聞き、売り手もこれに対して討議することにより、M&A後の会社の将来を語り合います。

トップ面談を意義のあるものとするためには、双方とも十分な準備が必要です。企業概要書、意向表明書を熟読し、相手の情報をできる限り入手し理解します。また、M&A後の事業展開や相乗効果について、売り手の立場から、買い手の立場から、それぞれ思いめぐらせておくことが肝要です。

トップ面談の当日は、次のような式次第で執り行われます。当日の進行をスムーズにするためにこのような式次第を文書作成しておくのがよいでしょう。

式次第

日時：20○○年○月○日（○曜日）13：00～17；00
場所：株式会社○○　第１会議室
　　　東京都千代田区○○ 1-1-1
参加者：○○○○、○○○○、○○○○
　　　　○○○○、○○○○、○○○○
式次第：
1. 開会のあいさつ（13：00～13：05）
　　○○アドバイザリー株式会社　甲野
2. ご挨拶、自己紹介（13：05～14；00）
　　　株式会社○○　　　代表取締役社長　○○○○様
　　　株式会社○○　　　代表取締役社長　○○○○様
　　　自己紹介、会社紹介、本件の経緯等をお話しください
2. 本社及び工場見学（14：15～15：15）
3. 質疑応答（15：30～16：55）
　・今後の M&A のスケジュールの確認
　・主要な論点の確認
4. 閉会のあいさつ（16：55～17：00）
　　○○アドバイザリー株式会社　甲野

トップ面談で議論すべき論点には、次のようなものがあります。M&A の諸条件については、あくまでも目線合わせのためのトップ面談ですので、具体的な交渉はしないことも多いです。

(1) M&A スキーム

それぞれの M&A 希望スキームを確認します（第 12 章参照）。

(2) 株式譲渡の金額

株式譲渡のそれぞれの譲渡・買収希望金額を確認します。トップ面談では、具体的な交渉は行われません。

(3) 今後のスケジュール

株式譲渡契約の契約日、取引実行時期のそれぞれの希望を確認します。上場会社においては、適時開示等規則への対応、連結財務諸表への影響などを鑑みて検討します。売り手にとって、個人株主であれば12月31日（暦年）、法人株主であれば事業年度をまたぐかどうかで課税のタイミングや会計への影響を鑑みて取引実行時期を検討します。

(4) 役員の処遇

売り手企業の現在の役員の処遇の確認を行います。

役員と会社との関係は委任契約ですので、役員は会社との雇用関係はありません。売り手企業の役員は、新しいオーナーの下で、役員として迎えられるのか、従業員として雇用されるのか、そもそも雇用されないかを確認します。

(5) 従業員の処遇

売り手企業の従業員の雇用の継続、労働条件の承継等について、確認します。有給休暇についての取扱い、退職金についての取扱い（勤続年数の通算）などが論点です。

(6) 株式譲渡後の売り手オーナーの関与

売り手オーナーが、株式譲渡後に、一定期間継続して、役員として就任を望むのか、顧問といったかたちでの継続関与を望むのか、即時に退任し、今後の関与は不要とするのかを確認します。

一定期間継続して役員に就任する場合には、役員退職金の支給ができませんので、役員退職金の支給時期について、別途検討することになります。

⑺　株主変更の影響の有無・懸念

取引先等との契約に、株主が変更した場合に、契約内容の変更や契約解除の条項が定められていないか否かについて確認します。契約書に次のような条項が定められている場合には、これに対する対応を検討します。

> 第○条（解除）
> 　甲および乙は、相手方が次の各号の事由に該当するときは、何ら催告することなく、本契約の全部または一部を解除することができる。
> 　（中略）
> （1）　合併、株式交換等の組織再編、事業譲渡及び株式の過半数の譲渡等により、経営環境に著しい変化が生じた場合

契約にこのような条項がなくても、取引先との関係で実質的、実態的に契約が解除されてしまうこともありますので、注意が必要です。

⑻　M&A 後の対象会社の運営方針

買い手企業が売り手企業を取得後、どのように会社を運営していく方針なのかを確認します。売り手オーナーにとって、不本意な運営がなされないように慎重に確認します。

⑼　その他

ビジネスや人材における重要な懸念点などを遠慮なく質問して確認します。

売り手も、買い手候補者と共有しておくべきリスクや、会社の問題点、過去のキズについても、包み隠さず、誠実に話しておきましょう。トップ面談後に発覚したり、デューディリジェンスで発見されたりした場合には、トラブルになるだけではなく、買い手の心象が悪くなってしまいます。

2　意向の表明

(1) 買い手の立場から

買い手企業が売り手企業の買収を決定した場合には、意向表明書を売り手に提示します。意向表明書はトップ面談の前後に提示されます。

意向表明書は、買い手が買収条件等を記載したうえで、買収の意向を売り手に伝える書面です。意向表明書は、一般的に法的拘束力を持ちません。買い手企業から売り手企業に対する想いを伝えるものと考えた方がよいでしょう。

入札方式の場合には、入札意向表明書の記載要領が指定されますので、その記載要領に従ってまとめていきます。

入札方式を採用しない場合には、意向表明書の提出を省略することがあります。買い手が任意で提出する場合には、意向表明書には次のような内容を記載します。

○○年○○月○○日

株式会社○○
　○○○○　様

株式会社○○
代表取締役社長　○○○○

意向表明書

弊社は、下記の条件にて、株式会社○○（以下、「対象法人」といいます。）の全株式の取得（以下、「本案件」といいます。）を希望しております。本件取引についての当社の意向を以下の通り表明いたします。

1.　M&Aの意図・目的
〈貴社に興味・関心をもった理由・背景〉
〈当社の本件取引の目的〉
〈想定する相乗効果〉
〈M&A後の対象会社の運営方針〉

2.　本件取引の方法
一括での現金対価による株式の100%の取得

3.　取得主体
株式会社○○

4.　提示価額及びその前提条件
株式譲受け価額　○○円～○○円
(役員退職金を支給する場合、その金額を含みます。)
(注) デューディリジェンスによる検出事項及び時価評価に伴い、変動する可能性があります。

5.　資金調達の方法
自己資金

6.　M&A後の役員及び従業員の処遇等
・役員の処遇については、原則的に従業員として全員雇用いたします。
・従業員の処遇については、原則的に全員雇用を継続いたします。また、現在の待遇、賃金等は、M&A成立後1年間は同一条件にて承継いたします。1年経過後、当社の賃金体系に合わせるため、必要に応じて調整を加えていく方針です。

7.　承認手続
当社臨時株主総会を正式な意思決定とさせていただきます。

8.　免責事項
本意向表明書は、貴社に対するデューディリジェンス前に差入れさせていただく性質上、一切の法的拘束力を持ちません。デューディリジェンス等により不測の事実が発見された場合には、再交渉をお願いさせていただくことになりますので、あらかじめご承知ください。

以　上

意向表明書の記載項目のポイントは、次の通りです。

①　M&Aの意図・目的

(a)　貴社に興味・関心を持った理由・背景

買い手企業が売り手企業に興味を持った理由を記載します。

(b)　当社の本件取引の目的

買い手企業にとって売り手企業を譲り受けることの目的や戦略的な位置づけを記載します。

(c) 想定する相乗効果

売り手企業を譲り受けた後の成長戦略、成長構想、想定される相乗効果などを記載します。

(d) M&A 後の対象会社の運営方針

会社譲受後の売り手企業をどのように運営していくか、その基本方針を記載します。

② 本件取引の方法

現金対価による株式取得、事業譲渡、会社分割による新設会社の株式取得など、買い手企業が想定している M&A の方法を記載します。

③ 取得主体

買い手企業の関係会社が取得する場合には、その関係会社名を記載します。

④ 提示価額及びその前提条件

株式譲受け希望価額を提示します。一定の幅を持たせて価額を提示することもあります。株式譲受け価額が固定している場合には株式譲受け価額を提示すればよいです。株式譲受け価額が譲渡日時点の非事業用資産及び有利子負債の額により変動する場合には、これを除いた事業価値価額を提示します。

(a) 株式譲受け価額を提示する場合

取得する 1 株当たりの価額、株式数、総額を記載します。

(b) 事業価値を提示する場合

事業価値価額を記載し、これに、譲渡日現在の非事業用資産及び有利子負債を加減算した価額を株式譲受け価額として提示します。いいかえれば、事業価値価額を提示し、譲渡日現在の現預金残高及び借入金残高を加減して、株式譲受け価額を決定する方法です。

価額の前提条件の記載は、今後の交渉を行いやすくするため、細かく書かず、ぼんやりと書く方がよいでしょう。

⑤ 資金調達の方法

会社の譲受けのための資金をどのように調達するか、自己資金もしくは金融機関からの借入れかに依るかについて記載します。

⑥　M&A 後の役員及び従業員の処遇等

M&A 後の従業員の処遇や役員の処遇について記載します。

⑦　承認手続

意向表明書を提出後、基本合意の締結、株式譲渡契約の締結までの買い手企業における意思決定手続及び会社法上、社内規程上の承認手続について記載します。

⑧　免責事項

意向表明は、対象会社へのデューディリジェンス前に差し入れる性質上、法的効力を持たせないようにします。このため、一切の法的拘束力を持たない旨、デューディリジェンス等により不測の事実が発見された場合には、再交渉を要請することにつき、あらかじめ承知してほしい旨を、意向表明書に記載しておくのもよいでしょう。

(2)　売り手の立場から

意向表明書に記載された内容が、売り手オーナーの想定の範囲内であれば、M&A の具体的な交渉に移行します。複数の買い手候補から意向表明書を受領している場合、売り手の観点から 1 社に絞り、一定期間内の独占交渉権を付与します。

売り手にとって、意向表明書を読み込むポイントは、次の通りです。

①　M&A の意図・目的

買い手企業が売り手企業をどのように見ているかを確認します。買い手企業はいわば、売り手の後継者です。後継者として相応しいかどうかを、記載内容から検討します。買い手企業が売り手企業を取得した後に、早急な解雇や整理をしたり、店舗や支店などの拠点を閉鎖したりすることを企図していないかも確認します。

売り手のオーナーが、M&A 後も会社の益々の発展を望むのはもちろんのことです。買い手企業が自社のどのような点に興味を持ったのか、売り手企業が自社にどのような相乗効果を想定しているか、売り手企業が M&A 後の自社の運営方針や事業展開をどのように考えているかを理解し、それが実現可能かを見極めます。

②　M&Aのスキーム

株式譲渡なのか事業譲渡なのかなどを確認します。株式譲渡の場合には、役員退職慰労金の支払いの余地があるか否かなど、売り手の税務上の有利不利を含めて判断します。

③　提示価額及びその前提条件・資金調達の方法

売り手オーナーの1番の関心事である株式譲渡価額を確認します。その際に、提示された価額が株式譲渡価額なのか、事業価値価額なのかなのかを間違わないようにします。ここを間違えると、買い手の思い違いとなり、のちのちトラブルに発展します。また、提示価格の前提条件が記載されている場合には、前提条件が何であるかを確認します。

さらに買い手企業が非上場会社の場合、もしくは、上場会社であっても財務状況が良くない買い手であれば、会社の取得資金の調達方法を把握し、実現可能性を確認します。

④　M&A後の役員及び従業員の処遇等

売り手オーナーの2番目の関心ごとは、売り手企業の役員及び従業員のM&A後の処遇です。株式譲渡であれば、売り手企業の既存の役員が従業員として雇用されるか、従業員の現在の雇用条件等は承継されるかなどを確認します。事業譲渡であれば、従業員は原則として買い手企業の再雇用となりますが、雇用条件等は承継されるかなどを確認します。退職金や未消化の有給休暇の取扱いは従業員の関心事であり、確認しておく必要があります。

事業譲渡においては、退職金について譲渡企業で退職金を精算する方法と、譲渡企業での未払退職金を譲受企業に引き継ぐ方法があります。

また、未消化有給休暇については、事業譲渡は既存の会社を退職したうえで新たに労働契約を締結することになるため、譲受会社が引き継がず、譲渡企業で未消化有給休暇を買い取ることができます。

どちらも、株式の譲渡価額に影響し、かつ、税務処理にも影響することから、明確に話し合いをしておく必要があります。

3 基本的な条件の合意

売り手と買い手企業との間で、会社の譲渡の基本的な諸条件が合意できた場合には、基本合意書を締結します。基本合意書では、次のような基本的な合意事項について、文書で取り交わし、相互に確認するとともに、買い手企業にM&Aの独占交渉権を付与するいうものです。

なお、M&Aの当事者に上場会社が入る場合には、買い手企業の意向表明書の差入れで、基本合意書の締結を省略する場合もあります。上場会社は、基本合意書を締結すると、取引所規則に基づき、適時開示しなければならないとの懸念があるためです。

基本合意書の記載項目のポイントは、次の通りです。

(1) M&Aの基本日程（第１条）

基本合意書で、M&Aの期限を定めます。デューディリジェンスの日程を定めることもあります。

(2) 承継対象財産（第２条）

株式譲渡であれば、株式の種類、株式数を定めます。事業譲渡であれば譲渡対象事業などを明確に定めます。

(3) 会社譲渡価額の提示（第３条）

概算の譲渡価額を記載します。ひな型では、「目途とする」と定めています。正式な譲渡価額は双方の協議により決定するとして幅を持たせておきます。

(4) デューディリジェンスの協力の確認（第４条）

デューディリジェンスを行う時期、基準日を定めるとともに、売り手企業の協力義務を定めます。

(5) 買い手企業への独占交渉権の付与（第５条）

買い手企業へ、売り手企業の買収に関しての独占交渉権を付与する旨が定められます。

(6) 善管注意義務（第６条）

基本合意締結後は、売り手に対し最終契約締結日まで、善管注意義務による業務の執行及び財産の管理運営を行う義務を課します。

重要な資産の譲渡などを行ってしまうと、会社の性質が変わってしまうことから、会社の経営内容に重大な影響を与える一定の事項を行うには、買い手企業の同意を得なければならないことが定められます。

(7) 法的拘束力（第８条）

基本合意書は、原則として法的拘束力がない旨を定めるのが一般的です。

(8) その他の合意事項などの基本的な事項

基本合意時に合意した諸条件を定めます。例えば、次のような事項があります。基本合意は、最終契約書までの交渉で変動する可能性もあるため、あまり詳細に記載しないのが基本です。

① 売り手企業の取締役、監査役の処遇（辞任、継続等）

② 売り手企業のオーナー（代表）の処遇（辞任、役員継続、顧問契約によ

る継続関与等)

③　役員退職慰労金の支給

④　役員借入金の返済

⑤　売り手企業の従業員の雇用の継続及び雇用条件の継続（継続期間）

⑥　売り手企業オーナー（代表）の個人保証及び私的財産の担保権等の解除

(9) その他

デューディリジェンスで売り手企業の事業上の機密情報などの流出が懸念される場合には、秘密保持義務に強い拘束力を持たせるため、機密情報が漏れた場合の違約金を定める条項を入れることもあります。

基本合意書のひな型は次の通りです。

基本合意書

【譲り渡し側（株式会社)】(代表者：○○、本店所在地：○○。以下「対象会社」という。）の株主【譲り渡し側株主】(以下「甲」という。）及び対象会社の株式の譲受希望者【譲り受け側】(以下「乙」という。）は、乙が対象会社の発行済株式の全部を甲より譲り受ける件（以下「本株式譲渡」という。）について、以下のとおり合意した（以下「本合意」という。)。

第1条（目的）

1　乙は、○○年○○月○○日を期限に、対象会社の発行済株式の全部を譲り受ける意向を有し、甲はそれを了承した。

2　甲は、乙に対し対象会社株式を譲渡するものとし、改めて甲と乙の間で株式譲渡契約（以下「最終契約」という）を締結する。

第2条（承継対象財産）

乙が最終契約により甲から承継する財産（以下「承継対象財産」という。）は、甲が保有する、対象会社の発行済株式の全てである普通株式○○株とする。

第3条（譲渡価額）

第2条に規定する承継対象財産の対価（以下「譲渡価額」という。）は、○○円を目途とする。ただし、正式な譲渡価額は、最終契約締結時に甲乙双方の協議により合意した金額とする。

第4条（デューディリジェンス）

乙は、本合意締結の日から1か月間を目処に、対象会社の○○年○○月○○日時点における貸借対照表その他の事前開示資料の正確性及び妥当性等を検証するため、対象会社に対する調査（デューディリジェンス）を行うことができるものとし、甲はこれに協力するものとする。

第5条（独占的交渉権）

甲は、本合意の有効期間中は他のいかなる者との間でも、対象会社に係るM&A取引（対象会社株式の譲渡及び取得、対象会社の事業譲渡及び譲受、増資の引受け、合併、株式交換、会社分割、資本業務提携等の取引をいう。）に関する交渉を行ってはならない。

第6条（善良な管理者の注意義務）

甲は、本合意締結後、最終契約締結までの間は、善良な管理者の注意をもって、対象会社の業務の執行及び財産の管理運営を行い、乙の事前の同意を得ずして、対象会社において次の各号に掲げる行為、その他対象会社の経営内容に重大な影響を与える行為をしてはならない。

①重大な資産の譲渡、処分、賃借権の設定等
②新たな借入れ実行その他の債務負担行為及び保証、担保設定行為
③非経常的な設備投資及び仕入行為
④非経常的な契約の締結及び解約、解除
⑤非経常的な従業員の新規採用
⑥増資、減資
⑦前各号の他、日常業務に属さない事項

第7条（秘密保持義務）

1　甲及び乙は、ⅰ本株式譲渡の検討又は交渉に関連して相手方から開示を受けた情報、ⅱ本合意の締結の事実並びに本合意の存在及び内容、並びにⅲ本株式譲渡に係る交渉の経緯及び内容に関する事実（以下「秘密情報」と総称する。）を、相手方の事前の書面による承諾なくして第三者に対して開示してはならず、また、本合意の目的以外の目的で使用してはならない。ただし、上記ⅰの秘密情報のうち、以下の各号のいずれかに該当する情報は、秘密情報に該当しない。

①　開示を受けた時点において、既に公知の情報
②　開示を受けた時点において、情報受領者が既に正当に保有していた情報
③　開示を受けた後に、情報受領者の責に帰すべき事由によらずに公知となった情報
④　開示を受けた後に、情報受領者が正当な権限を有する第三者から秘密保持義務を負うことなく正当に入手した情報
⑤　情報受領者が秘密情報を利用することなく独自に開発した情報

2　甲及び乙は、前項の規定にかかわらず、以下の各号のいずれかに該当する場合には、秘密情報を第三者に開示することができる。

①　自己（甲においては対象会社を含む。）の役員及び従業員並びに弁護士、公認会計士、税理士、司法書士及びフィナンシャル・アドバイザーその他のアドバイザーに対し、本合意の目的のために合理的に必要とされる範囲で秘密情報を開示する場合。た

だし、開示を受ける者が少なくとも本条に定める秘密保持義務と同様の秘密保持義務を法令又は契約に基づき負担する場合に限るものとし、かかる義務の違反については、その違反した者に対して秘密情報を開示した当事者が自ら責任を負う。

② 法令等の規定に基づき、裁判所、政府、規制当局、所轄官庁その他これらに準じる公的機関・団体等により秘密情報の開示を要求又は要請される場合に、合理的に必要な範囲で当該秘密情報を開示する場合。なお、かかる場合、相手方に対し、かかる開示の内容を事前に（それが法令等上困難である場合は、開示後可能な限り速やかに）通知しなければならない。

3 甲及び乙は、本株式譲渡が成約に至らなかった場合には、相手方より開示された秘密情報（その写しも含む。）を、相手方から返還請求があれば速やかに返還する。

4 第9条に定める本合意の有効期間にかかわらず、本条に定める秘密保持の義務は別段の定めがない限り、本合意の有効期間満了後3年間存続する。

第8条（法的拘束力）

本合意第1条ないし第3条における定めは、本合意時点における本株式譲渡についての甲乙間の了解事項の確認を目的とするものであり、何らの法的拘束力を有しない。

第9条（有効期間）

本合意は本合意締結の日より発効し、本合意が解除される場合又は最終契約の履行が完了した場合を除き、〇〇年〇〇月〇〇日までは有効に存続する。

第10条（準拠法・合意管轄）

1 本合意は、日本法に準拠し、これに従って解釈される。2本合意に関する一切の紛争（調停を含む。）については、〇〇地方裁判所を第一審の専属的合意管轄裁判所とする。

第11条（誠実協議）

甲及び乙は、本合意に定めのない事項及び本合意の条項に関して疑義が生じた場合には、信義誠実の原則に従い、誠実に協議の上解決する。

本合意締結の証として本書2通を作成し、甲乙記名押印の上、各1通を保有する。

〇〇年〇〇月〇〇日

甲
（住所）
（氏名）　　　　　　　　　　㊞
乙
（所在地）
（名称）
（代表者）　　　　　　　　　㊞

（中小企業庁編「中小M&Aガイドライン―第三者への円滑な事業引継ぎに向けて―」の基本合意書に加筆修正）

第 8 章

デューディリジェンス

1　買い手の立場から

(1)　デューディリジェンスの定義と目的

①　デューディリジェンスとは

企業の買収にあたっては、買い手企業によって、通常デューディリジェンスが行われます。

デューディリジェンスは、会社を買収するにあたって、資産の実在性や評価の妥当性を確認することにより買収価額の妥当性を担保すること、税務や法務やビジネスのリスクが存在しないか、簿外債務や直近の決算日から後発事象が生じていないか、買収後の事業のスムーズな承継を阻害する要因はないかなどを確認するために行います。また、買収後の統合作業をスムーズに行うための事前調査の目的で行われることもあります。

デューディリジェンスは、①財務デューディリジェンス、②税務デューディリジェンス、③法務デューディリジェンス、④ビジネスデューディリジェンスなどに分類できます。

種類	調査内容	主な担当
財務	過去の財政状態、損益状況の推移、現在の財政状態、将来の損益、資金状況の見通し等の実態調査	公認会計士
税務	確定申告書の計算の正確性の確認、税務処理の検証手続、M&Aの方法の税務面の検討	税理士
法務	定款や登記事項等の法務面での基本事項、対外的な契約関係、係争事件による損害賠償等の調査	弁護士
ビジネス	市場の概況、商品の特質、事業活動や購買、生産、販売活動、研究開発活動等の実態調査	社内担当者 コンサル

財務デューディリジェンスを実施するにあたっては、次のような「デューディリジェンス依頼資料一覧」を売り手企業に提示し、資料を事前に準備してもらいます。

大区分	小区分	資料名	期間
全般		□ 登記簿謄本（履歴事項全部証明書）	
		□ 定款	
		□ 株主名簿	
		□ 株主の変遷がわかる資料	
		□ 会社案内、パンフレット	
		□ 株主総会議事録	5期分
		□ 取締役会議事録	5期分
		□ 稟議書・決裁書	5期分
		□ その他営業会議資料などの重要な会議の議事録	5期分
		□ 組織図	
		□ 役員一覧（役員の他の会社との兼務状況）	
財務		□ 決算書	3期分
		□ 税務申告書（法人税、地方税、消費税）	3期分
		□ 勘定科目内訳明細書	3期分
		□ 総勘定元帳・補助元帳	3期分
		□ 月次試算表（月次損益推移表）	3期分、進行期
		□ 得意先元帳	3期分、進行期
		□ 仕入先元帳・外注先元帳	
		□ 部門別損益の資料	3期分、進行期
		□ 在庫台帳	3期分
		□ 固定資産台帳	3期分
		□ 販売管理規程、購買管理規程、経理規程など	
事業計画		□ 単年度事業計画、中長期事業計画	進行期、3期分
		□ 設備投資計画・長期修繕計画	進行期、3期分
		□ 人員計画（採用・昇給）	進行期、3期分
財務（個別）	預金	□ 残高証明書又は預金通帳	
	売上債権	□ 取引先一覧（年間販売高、回収期間）	
		□ 年齢表	
		□ 破産更生債権、貸倒懸念債権等の長期滞留債権の内容（相手先、時期、金額、経緯）	
		□ 貸倒処理した債権の内容（相手先、時期、金額、理由）	
	棚卸資産	□ 滞留在庫一覧	

	有形固定資産	□ （不動産を所有している場合）登記簿謄本	
		□ （不動産を所有している場合）固定資産税納税通知書	
		□ リース資産一覧	
	投資その他の資産	□ 株券・出資証券及び有価証券一覧（株式保有比率、時価情報）	
		□ 保険証券及び保険契約一覧	
	貸付金	□ 貸付金一覧（相手先、時期、金額、経緯、回収条件）	
	仕入債務	□ 仕入先・外注先一覧（支払期間）	
		□ 支払留保債務一覧（相手先、時期、金額、経緯）	
	借入金	□ 金銭消費貸借契約書	
		□ 返済予定表	
		□ 担保一覧	
		□ 保証、保証予約、経営指導念書等の一覧	
	引当金	□ 根拠資料（賞与引当金、退職給付引当金、役員退職慰労引当金等）	
		□ 値引き、返品、アフターサービス等偶発債務についての資料	
	売上	□ 商品別・製品別・店舗別等の売上高・売上総利益等分析資料	
	賃借料・地代家賃	□ 賃貸借契約書	
人事労務		□ 従業員名簿	
		□ 就業規則、賃金規程、賞与規程、退職金規程、役員退職金規程	
		□ 雇用契約書（正社員、契約社員、アルバイト）	
		□ 労使協定	
		□ 給与台帳	３期分、進行期
		□ 過去の労働監督署からの指導、勧告等の資料	
その他		□ 過去の行政指導資料	
		□ 許認可証	
		□ 所有知的財産一覧	
		□ その他、重要な契約書	

②　デューディリジェンスの具体的な実施事項

デューディリジェンスは、会社が使用している資料や証憑、契約書の閲覧、経営陣や経理責任者への質問、重要決定事項に関する資料（株主総会・取締役会・経営役会議事録、稟議書等）の閲覧などを通して、調査を行います。デューディリジェンスの具体的な実施事項は、次の通りです。

(a) 企業実態の確認

(i) 企業概要書や質疑応答で入手した情報や情報が認識通りであるか（正確性、網羅性）の確認

(ii) 売り手企業に重大な欠陥がないかの確認

(iii) 売り手企業に簿外債務がないかの確認

(iv) M&Aが破談してしまう事項がないかの確認

(v) 株式の取得にあたっての条件の変更の必要がないかの確認

(b) 取得後の経営統合

(i) シナジー効果の確認

(ii) M&A後の経営統合の具体的な実施計画の立案

(iii) M&A後の経営統合の課題や問題点、行うの洗い出し

(c) 譲渡価額・条件等の交渉のための事実把握及び確認

(2) 財務デューディリジェンス

企業買収にあたっては、通常、買い手企業により売り手企業に対して財務デューディリジェンスが行われます。財務デューディリジェンスは、企業買収にあたって、買い手企業が売り手企業の財務諸表が正しいかどうか、評価減すべき資産はないか、オフバランスとなっている負債はないかなど財務の観点から調査することです。財務デューディリジェンスは、買い手企業からの依頼を受けた公認会計士により実施されることが多くみられます。

財務デューディリジェンスにおいては、通常、貸借対対照表、損益計算書、株主資本等変動計算書、勘定科目内訳明細書を中心として調査が行われます。中小企業では、顧問税理士が記帳代行ないし月次における記帳監査を行っていることから、売り手企業の財務状態や業績の内容、会計処理をもっとも熟知している立場にあるといえます。売り手企業が中小企業の場合には、財務デューディリジェンスにおいて、顧問税理士への面談や、書面での質問及び回答が行

われることもよくあります。したがって、財務デューディリジェンスでは、どのような観点でどのような内容で調査されるのか知っておくべきでしょう。

(3) 税務デューディリジェンス

税務デューディリジェンスでは、具体的に、次のような項目が調査されます。

① 過年度の税務調査・税務訴訟等の把握

過年度の税務調査の調査メモや修正申告書、更正通知書などを閲覧し、過年度の税務調査の内容を確認します。税務調査の内容によっては、売り手企業の税金に対する考え方や姿勢（だらしない、保守的、極端な節税思考や租税回避的思考がないか）がわかります。

② 過年度の税務申告のレビュー

過年度の法人税確定申告を閲覧し、大きな誤謬がないかを確認します。また、税務上の加減算項目の内容を把握します。中小企業においては、会計処理は税務基準によっていると思われますので、大きな加減算がある場合には、その内容を質問や根拠資料によって確認します。

税務申告はすべて税理士に丸投げしており、税務申告の内容が不明という会社では、デューディリジェンス担当者が顧問税理士に面談することもあります。

③ 税務上の欠損金の使用可能性・各種税制の適用状況の把握

過年度の税務上の使用可能性を検証します。欠損金額が生じた事業年度において青色申告書である確定申告書を提出しているか、その後の各事業年度について連続して確定申告書を提出しているかを確認します。また、研究開発税制、所得拡大促進税制、中小企業経営強化税制、中小企業投資促進税制などの各種税制の適用内容及び妥当性について検証します。

④ 過去の組織再編・資本取引等の税務処理の把握

過年度に売り手企業が合併、会社分割、株式交換、株式移転、事業譲渡などの組織再編及び資本取引等を行っている場合には、これらの税務処理が適正に行われているかを確認します。組織再編等の税務処理が間違っていると、税務調査における追徴税額や今後の組織再編等への影響など課税上のリスクが大きくなるため、デューディリジェンスでその処理の適正性を確認します。

(4) 法務デューディリジェンス

法務デューディリジェンスは、売り手企業に法的問題点はないか、法的問題点があることによって事業活動の継続に障害がないか、法的問題点があることによって収益性に影響はないかを確認することです。法務デューディリジェンスは、弁護士に依頼することが多くみられます。

法務デューディリジェンスでは具体的に次のような項目が調査されます。

① 株式・株主
② 資産・負債（簿外債務の有無）
③ 契約（チェンジオブコントロール条項の有無を含む）
④ 人事労務
⑤ 法令遵守・許認可
⑥ 訴訟紛争

(5) 検出事項の対応

買い手企業はデューディリジェンスの結果として、実施者からさまざまな検出事項の報告を受けます。これらの検出事項の内容を検討し、売り手企業の買収について、このまま最終合意まで進めるか、撤退するかを検討します。買収を断念すべき重大な検出事項が発見された場合に、これまでの時間と費用を考えると撤退を迷ってしまうということもあるかもしれません。しかし、勇気ある撤退が必要なときもあります。慎重に判断したうえで、進めるか徹退するかを決定します。

買収を断念すべき重大な検出事項はなく、最終合意まで進めると決めた場合には、取得価額、条件等の交渉事項を取りまとめます。譲受け減額要因が検出された場合には、しっかりと根拠づけをして、どのように売り手と価額交渉するかを検討します。

2　売り手企業の立場から

(1) デューディリジェンスの準備

デューディリジェンスは、日程調整と会場の確保から始まります。

デューディリジェンスでは、経営者・経営幹部への聴き取りが行われるとともに、帳簿をはじめ、会計証憑や、法定資料などの現物の閲覧を受けます。まずはインタビューの対象となる経営者・経営幹部の日程を確保する必要があります。

デューディリジェンスは、情報や資料のやりとりの関係から、通常、売り手企業の会議室で行われます。ただし、社内にはM&Aを検討していることは明らかにされてないため、会議室等の場所には配慮が必要です。会社の離れの会議室等の予約をしたり、場合によっては近隣の有料会議室を借りたりすることもあります。

依頼資料一覧に記載された資料を適宜準備します。電子データでの提出、紙での提出、現物の閲覧については、買い手企業のデューディリジェンス実施者指示に従います。電子データで提出する場合には、電子メールの添付で送付することもありますが、データ容量も大きくなるので、クラウドサーバーや記録媒体への焼き付けにより提出することもあります。依頼資料一覧のうち会社で作成していないもので、作成に時間のかかるものは、わざわざ作成しなくても構いません。会社で使っている資料で代替できる資料を提出すれば足りることもあるため、買い手企業のデューディリジェンス担当者に確認しながら進めればよいでしょう。

(2) 経営者・経営幹部への聴き取り

デューディリジェンスでは、経営者・経営幹部への聴き取りが行われます。経営者・経営幹部への聴き取りは、デューディリジェンス開始段階と、デューディリジェンス終盤段階での2回行われます。デューディリジェンス開始段階では、①会社の概要、事業の概要、②過年度の損益状況、進行事業年度の進捗状況、中長期計画の概要などの説明が求められ、これに関する質疑応答が行われます。デューディリジェンス終盤段階では、デューディリジェンスにおいて生じた疑問や不明事項・確認事項で、担当者レベルでは不明な重要事項について質疑応答がなされます。

① 会社の概要・ビジネスの概要

経営層から会社の概要、事業の概要の説明を行います。説明にあたっては、会社のパンフレットや営業説明資料を使って説明すれば足ります。また、組織図に基づき、組織がどのような職務分掌・職務権限によっているかも説明します。

調査を担当する公認会計士や弁護士は、会社の概要や事業の概要を把握し、買い手企業が売り手企業を取得するにあたり、利益の源泉や、どのような点に課題やリスクがあるか、価格の減額要素があるかなどを見極めます。また、法令遵守意識や、従業員に対する姿勢、取引先を含めた社会に対する姿勢など、経営者・経営幹部の人となりも見ています。

② 過年度の損益状況・進行事業年度の進捗状況・中長期計画の概要

過年度の損益状況、進行事業年度の進捗状況を説明します。中長期計画を作成している場合には、中長期計画の説明をします。

③ 質疑応答

デューディリジェンスにおいて、書面調査だけではわからない事項や、担当者レベルではわからない事項があります。それを確認するのが経営者・経営幹部への聴き取りの場です。中小企業では、担当者ではすべてがわからず、経営者・経営幹部のみが詳細を知っているという事項が多くあります。このような不明点や疑問点を質問によって解消します。

(3) デューディリジェンスを受けるにあたって気をつけること

売り手企業がデューディリジェンスを受けるにあたり、いくつか気をつけることがあります。

① デューディリジェンスの対応者は限定する

デューディリジェンス時には、会社を譲渡することについて、社内では一部の者にしか明らかにされていない状態です。したがって、デューディリジェンスの対応者も、限られた人にすべきです。また、情報が漏れないよう、対応者に言い含めておく必要があります。

② 即時に回答できないことを想像や憶測で回答しない

デューディリジェンスにあたって、公認会計士や弁護士から多くの質問が出されます。対応者があいまいな記憶や想像で答えると、のちに大きなトラブルに発展する恐れがあります。知らないことは、「調査後回答します」と答え、必ず根拠資料にあたり、それに基づいて回答しなければなりません。中小企業では、経営者・経営幹部しか知りえない事項もあります。その場合には、想像や憶測で答えず、「私の知らない事項であり、経営者・経営幹部にご確認ください」と答えるべきです。

③ 隠しごとをしない

資料の請求や、質問があった際には、隠しごとをしてはなりません。また、資料の請求があったら、できるだけ速やかに丁寧に資料を提示することが求められます。もし、不安点や隠しごとがある場合には、事前にM&Aアドバイザーに相談をしておくのがよいでしょう。隠しごとをして、のちに発覚した場合には、損害賠償にまで至ることもあります。

④ 提出した資料や質問回答事項については記録する

提出した資料や質問回答事項は、あとで、トラブルに発展しないよう、書面化し記録しておきましょう。

⑤ M&A後の経営統合に資する情報は惜しむことなく提供する

デューディリジェンスの目的は、M&A後の経営統合（PMI）の計画づくりやタスク洗出しの手続でもあります。スムーズな経営統合のためには、現状の課題や問題点も含めて惜しむことなく情報を提供すべきでしょう。

3　財務調査報告書の例

○○月○○日

株式会社○○御中

株式会社○○○○
財務調査報告書

○○公認会計士事務所
公認会計士　○○○○

拝啓　貴社ますますご清栄のこととお慶び申し上げます。

当会計事務所は、貴社からの依頼に基づき、○年○月○日を基準日として、株式会社○○（以下、「対象会社」という。）の財務調査（以下、「本調査」という。）を行いました。本調査は、貴社による対象会社の株式の取得（以下、「本案件」という。）に関連しての意思決定に資する目的で実施されました。

調査手続を実施した結果として、調査過程における発見事項をとりまとめました。

本調査手続は、基準日現在の対象会社の財務諸表に対して意見を表明するのに十分な監査手続を実施しておりません。しがって、弊事務所は、当該財務諸表に対し監査意見を表明するものではありませんし、表明できません。一般に公正妥当と認められた監査基準に準拠した監査を実施したとすれば、本報告書で記載した事項以外にも記載すべき事項があったかもしれません。

また、本報告書は、貴社から依頼に基づき、貴社の対象会社の株式を取得する意思決定の参考に資するため、会計的、財務的観点から作成されたものであり、他の目的のために本報告書を利用できません。本報告書は極秘書類であり、本案件の関与者以外に配布されるべきものでもなく、閲覧されるべきものでもありません。

本報告書の利用に当たっては、上記を十分にご配慮いただき、貴社自らの責任で判断を行うものとします。

敬具

1．会社の概要

⑴商号　株式会社○○
⑵所在地　東京都千代田区○○
⑶設立　1985 年 7 月 1 日
⑷事業内容　システム開発（ソフトウェア開発、ハードウェア開発）
⑸代表者　瓜田一郎
⑹従業員数　150 名（2020 年 3 月 31 日現在）
⑺主要販売先
（以下省略）
⑻役員
（以下省略）
⑼株主構成

氏名	代表者との関係	住所・所在地	持株数	持株割合
瓜田一郎	代表者	東京都新宿区	500 株	50%
瓜田花子	代表者の配偶者	東京都新宿区	100 株	10%
（以下、省略）				

2-1　比較貸借対照表

	N−2 年度	N−1 年度	N 年度		N−2 年度	N−1 年度	N 年度
流動資産				流動負債			
現預金				買掛金			
受取手形				短期借入金			
売掛金				未払金			
貸付金				未払法人税等			
前払費用				前受金			
未収入金				預り金			
立替金				未払消費税等			
貸倒引当金				固定負債			
固定資産				長期借入金			
建物				退職給付引当金			
車両運搬具				純資産			
保証金				資本金			
保険積立金				利益準備金			
有価証券				利益剰余金			

2-2　修正・再評価貸借対照表

	N年度	修正再評価	修正後		N年度	修正再評価	修正後
流動資産				流動負債			
現預金				買掛金			
受取手形				短期借入金			
売掛金		△300		未払金		△300	
貸付金				未払法人税等			
前払費用				前受金			
未収入金				預り金			
立替金				未払消費税等			
貸倒引当金				固定負債			
固定資産				長期借入金			
建物				退職給付引当金		900	
車両運搬具							
保証金							
保険積立金		＋500					
有価証券		△800					

3. 損益計算書推移及び修正損益計算書

	N−2年度	N−1年度	N年度	修正損益	修正事項
売上高					
売上原価					
売上総利益					
販売費及び一般管理費					
営業利益					
営業外収益					
受取利息					
雑収入					
営業外費用					
支払利息					
雑損失					
特別利益					
特別損失					
税引前当期純利益					
法人税等					
当期純利益					

4. 検出事項サマリー

Ref.	勘定科目	金額	修正・再評価事項
5-(2)	売掛金	△300万円	丙社に対する売掛金300万円については、3年滞留しており、回収可能性はないと判断し、減額する。
5-(5)	保険積立金	+500万円	解約返戻金相当額で評価する。
5-(5)	ゴルフ会員権	△800万円	ゴルフ会員権○○カントリー倶楽部については、取引相場による時価で評価する。
5-(7)	退職給付引当金	△900万円	退職金規程があるにもかかわらず、退職給付引当金を計上する。
5-(8)	未払残業代	△300万円	未払残業代について、概算で500万円と見積もった。
	・・・		

5. 個別検証事項

(1)現金預金

	帳簿価額	修正額	修正後	備考
現金				
普通預金				
大正/東京　9999999				
明治/東京　8888888				

預金については、金融機関の残高証明書と突合した。

(2)売掛金

	帳簿価額	修正額	修正後	備考
甲社				
乙社	300	△300	0	
丙社				
(以下、省略)				

(以下、省略)

第 9 章

取引実行手続

1 株式譲渡

(1) 株式譲渡契約の締結

① 株式譲渡契約書のひな型

デューディリジェンスの結果を受けて、売り手と買い手企業による最終的な交渉が行われ、株式譲渡契約の内容が妥結されます。

株式譲渡契約の内容が妥結されたら、その内容を文書化し、株式譲渡契約書を作成します。なお、株式譲渡契約は前提条件、保証条項、義務条項、補償条項など、法律的判断が求められることから、弁護士や司法書士などの法律専門家の助言や確認を受けるのがよいでしょう。

一般的な株式譲渡契約書は、巻末に掲載しています。

② 株式譲渡契約の主な内容

株式譲渡契約の主な項目について、ひな型を参考にしながら、解説していきましょう。

<table>
<tr><th>条</th><th>項目</th><th>内容</th></tr>
<tr><td>1</td><td>契約の目的</td><td>株式の譲渡を目的とする旨を定めます。</td></tr>
<tr><td>2</td><td>本株式の譲渡</td><td>取引実行日を定めます。特定日は、双方の合意により書面で変更できるように定めます。</td></tr>
<tr><td>3</td><td>譲渡価格</td><td>総額及び１株あたりの額を定めます。</td></tr>
<tr><td>4</td><td>株式譲渡の実行</td><td>取引実行の具体的な手続を定めます。</td></tr>
<tr><td>5</td><td>買い手のクロージングの前提条件</td><td rowspan="2">①株式譲渡契約で定めた表明保証（第７条、第８条）が真実かつ誠実であること
②株式譲渡契約で定めた義務条項（第９条・第10条）がすべて履行されていること</td></tr>
<tr><td>6</td><td>売り手のクロージングの前提条件</td></tr>
<tr><td>7</td><td>売り手の表明保証</td><td rowspan="2">「③表明保証」を参照。</td></tr>
<tr><td>8</td><td>買い手の表明保証</td></tr>
</table>

<table>
<tr><td>9</td><td>クロージング前の売り手の義務</td><td>取引実行前の売り手の義務を定めます。</td></tr>
<tr><td>10</td><td>クロージング前の買い手の義務</td><td>取引実行前の買い手の義務を定めます。</td></tr>
<tr><td>11</td><td>役員退職慰労金の支払い</td><td>売り手オーナーに対して役員退職慰労金の支給する場合には、その支給の内容を定めます。</td></tr>
<tr><td>12</td><td>対象会社の役員</td><td>役員の辞任、新役員の選任について定めます。</td></tr>
<tr><td>13</td><td>クロージング後の売り手の義務</td><td rowspan="2">「④取引実行後の義務条項」を参照。</td></tr>
<tr><td>14</td><td>クロージング後の買い手の義務</td></tr>
<tr><td>15</td><td>契約の解除</td><td>表明保証、義務・約束違反があった場合の解除手続等を定めます。</td></tr>
<tr><td>16</td><td>売り手による補償</td><td rowspan="2">一方が表明保証や義務条項に違反したことにより、他方に損害、損失、費用がかかることがあります。このような場合には、その損害等につき相互に補償請求ができるよう、条項を定めます。損害請求条項を定めるにあたっては、無制限だとあまりに酷なため、期間及び上限額を定めることが多くみられます。</td></tr>
<tr><td>17</td><td>買い手による補償</td></tr>
<tr><td>18</td><td>秘密保持義務</td><td>一般的な秘密保持義務を定めます。</td></tr>
<tr><td>19</td><td>第三者への公表日</td><td>契約の締結や事実の対外的公表日、対外的公表の方法などを定めます。</td></tr>
<tr><td>20</td><td>公租公課及び費用</td><td>公租公課や費用の負担方法等を定めます。一般的には、各自負担とします。</td></tr>
<tr><td>21</td><td>通知等</td><td>双方の通知先を定めます。一般的には、契約者の住所又は所在地となります。</td></tr>
<tr><td>22</td><td>残存効</td><td>契約終了後も引き続き効力を有する条項を定めます。一般的には、補償条項、秘密保持義務などの条項が引き続き効力を有するとされます。</td></tr>
<tr><td>23</td><td>完全合意</td><td>株式譲渡契約以前の取り決めはすべて失効する旨を定めます。</td></tr>
<tr><td>24</td><td>契約上の地位又は権利義務の譲渡等</td><td>書面による事前の承諾を得なければ契約上の地位や権利義務の譲渡はできない旨定めます。</td></tr>
</table>

25	条項の可分性	契約の一部の条項が無効等となった場合でも、他の条項は影響を受けない旨を定めます。
26	準拠法・管轄	準拠法（日本法）及び管轄（裁判所）を定めます。
27	誠実協議	契約に定めのない事項、契約の条項に疑義が生じた場合には、誠実協議の上解決する旨を定めます。

③ 表明保証

買い手は売り手に対しデューディリジェンスを行い、問題点やリスクを把握しています。それでも、問題点やリスクのすべてを把握することはできないのはいうまでもありせん。そこで、株式譲渡契約で、デューディリジェンスで把握できたもの以外の問題点やリスクがないことを売り手に保証してもらいます。これを表明保証といいます。具体的には、次表の表明保証をしてもらいます。項目は、会社によって異なります。必ずしもすべての項目を網羅して定めるのではなく、個別に判断して定めます。

買い手の表明保証は、株式譲渡契約を締結するにあたって、法的に問題が生じることがないということを最低限保証してもらいます。記載項目は、会社によって異なります。

表明保証に違反した場合には、賠償の対象となります。

(a) 売り手の保証条項

項目	内容
(1) 売り手オーナー	
① 自然人	売り手が日本国籍を有し、日本居住者であること
② 契約の締結及び履行	契約を締結する権限及び機能を有しており、法令等上の制限及び制約を受けていないこと
③ 強制執行可能性	契約に基づき強制執行可能であること
④ 法令等との接触の不存在	契約の締結が法令等に抵触していないこと
⑤ 反社会的勢力との関係の不存在	反社会的勢力でないこと及び取引がないこと
⑥ 倒産手続等の不存在	倒産手続等が行われていないこと

⑦　売り手企業との取引の不存在	売り手企業との取引が存在しないこと（存在する場合には、あらかじめ契約に記載する）
⑵　**売り手企業**	
①　設立及び存続	会社が適法有効に設立され、適法有効に存続していること
②　株式	株式が適法に発行されており、売り手オーナーが真正な株主であること、株主名簿の記載が真正であること
③　子会社及び関連会社の存在	子会社及び関連会社がないこと
④　倒産手続等の不存在	倒産手続等が行われていないこと
⑤　計算書類等	財務諸表、会計帳簿が適正に作成されていること
⑥　資産	資産に瑕疵がないこと、担保権が設定されていないこと
⑦　知的財産権	第三者の知的財産権を侵害していないこと、第三者が知的財産権を侵害していないこと
⑧　負債	簿外債務がないこと
⑨　重要な契約	契約が有効であること、株式の譲渡について相手の承諾が必要となる契約がないこと、債務不履行がないこと
⑩　競業避止義務の不存在	取引先等との契約で競業避止義務を負っていないこと
⑪　労働関係	未払賃金がないこと、労働紛争がないこと、退職金を支払う義務がないこと、労働組合が存在しないこと （※）M&Aにおいて、よく問題となるのが、未払残業代です。勤怠記録をそもそもつけていないこともあります。未払残業代がありそうであれば、株式譲渡前に事前に精算をしておく必要があります。また、退職金制度を規定していないからといって必ずしも退職金の支払義務がないとはいいきれません。規程はなくても実際に支払っている慣行があれば、退職金の支払義務は生じます。
⑫　税務申告等の適正	税務申告が適正であること （※）申告期限内に提出した場合は、申告期限の翌日から３年で時効となりますが、脱税の意思があれば７年となります。よって、適正性の保証期間は７年間と定めているケースも多いようです。譲渡後、税務調査で多額の追徴税額が生じた場合には、補償の対象となります。
⑬　法令遵守	法令遵守していること、行政処分を受けていないこと

⑭ 反社会的勢力との関係の不存在	反社会的勢力との関係がないこと
⑮ 情報開示	開示した情報がすべて真実かつ正確であること

(b) 買い手の保証条項

項　目	内　容
① 設立及び存続	会社が適法有効に設立され、適法有効に存続していること
② 契約の及び履行	契約を締結する権限及び機能を有しており、法令等の制限及び制約を受けていないこと
③ 強制執行可能性	契約に基づき強制執行可能であること
④ 法令等との接触の不存在	契約の締結が法令等に抵触していないこと
⑤ 反社会的勢力との関係の不存在	反社会的勢力でないこと及び取引がないこと
⑥ 倒産手続等の不存在	倒産手続等が行われていないこと

④ 取引実行後の義務条項

取引実行後にも双方にM&Aに関して一定の義務を課します。主な項目について、ひな型を参考にし、解説していきましょう。

(a) 売り手の義務

項　目	内　容
① 引継ぎ	合理的な求めに応じて、必要な引継ぎに合理的な範囲で協力します。合理的な範囲を超える協力が生じる場合には、売り手オーナーと有期の顧問契約を締結し、有償で協力支援を行うこともあります。
② 競業避止義務	売り手オーナーに競業避止義務を課します。会社法では、事業譲渡における競業避止義務期間として、原則として20年、延長は30年まで可能と定めています。一方、短縮は制限されておらず、5年や10年とすることもできます。双方の協議により期間を決定します。
③ 従業員の引き抜き禁止	従業員の勧誘、退職の奨励などを禁止します。

④　第三者からの損害賠償請求その他クレームの取扱い	表明保証が正確・真実でなかったこと、株式譲渡契約の債務不履行により、第三者からの損害賠償請求などのクレームを受けた場合には、クレームの処理に協力する旨を定めます。
⑤　株式の権利を主張する第三者の存在が判明した場合の取扱い	名義株や、株券の紛失などで、権利の所在が不明確な株式があります。株式譲渡にあたって株主関係を整理したとしても、株式譲渡後、第三者から自分が株主だと主張されることもあります。株式について、所有権等の権利を主張する第三者の存在が判明した場合には、売り手オーナーの責任で、その権利を消滅させなければならない旨を定めます。
⑥　税務調査の対応	株式譲渡前の商取引に関して税務調査を受けた場合には、売り手オーナーは協力して対応する旨を定めます。

(b)　買い手の義務

項　目	内　容
①　従業員の雇用	従業員の全員の雇用継続の義務を課すケースが多くみられます。これに加えて、労働条件の一定期間の継続などを求めることもあります。
②　税務調査の対応	株式譲渡前の商取引に関して税務調査を受けた場合には、買い手は協力して対応する旨を定めます。
③　保証の解除	借入金に対する経営者保証など、売り手オーナーが売り手企業のために保証していることがあります。これらの保証契約について、契約の相手方と交渉し、解除してもらう必要があります。このため、買い手の義務として、契約の相手方との交渉と保証の解除を義務として課す旨を定めます。

(2)　取引実行前の手続

①　株式譲渡手続の概要

(a)　譲渡承認機関

中小企業は、株式の譲渡制限を定めている会社がほとんどです。株式の譲渡制限を定めている会社（公開会社でない会社）において、株式を譲渡する場合には、承認機関の承認手続が必要です。取締役会設置会社では取締役会、取締役会設置会社でない会社や有限会社（特例有限会社）は株主総会が承認機関となります（会社法136）。

(b) 株券の取扱い

株券を発行している会社においては、株券の交付が株式譲渡の対抗要件となります（会社法128）。株券発行会社で実際に株券が発行されていない場合には、株券を発行したうえで、株券の交付により株式の譲渡を行う必要があります。

(c) 株主名簿

株式を譲渡しても、その株式を取得した者の氏名または名称、住所を株主名簿に記載しなければ、会社その他の第三者に対抗できません（会社法130）。したがって、承認機関による譲渡承認後速やかに株主名後の書き換えを会社に請求します。

② 具体的な株式譲渡手続

譲渡制限会社においては、次のステップによって、株式譲渡手続を行います。

(a) 株式譲渡承認請求

売り手は、その有する譲渡制限株式を買い手に譲渡するにあたり、会社に対して、買い手が株式を取得することについての承認を請求します（会社法136）。買い手からも請求するこができます（会社法137）。譲渡承認請求にあたっては、株式数、株式を譲り受ける者（株式取得者）の氏名・名称を開示します。

(b) 株式譲渡の承認の決定

株主総会（取締役会）は、株式譲渡の承認を決議し、譲渡の承認を請求した者へ承認した旨を通知します（会社法139）。

(c) 株式譲渡契約の締結

売り手と買い手で株式譲渡契約書を締結します。株式譲渡契約書の締結は、売り手と買い手の代表者が出席する調印式で同日に押印する方法もあれば、持ち回りで押印する方法もあります。

なお、株式譲渡契約書は印紙税の非課税文書ですが、株式譲渡契約に代金授受の記載がある場合には、課税文書（印紙税法別表第一番号十七の1）に該当し、収入印紙の貼り付けが必要です。

(d) 株券交付と対価の支払決済

株式譲渡代金の決済を行います。株券発行会社の場合は、売り手から買い手に株券を交付し、対価の支払決済を行います。対価の支払決済株式譲渡契約の効力発生日（株式譲渡日）と同日に行われることが多いですが、別の日とすることもあります。

なお、株主である経営者個人の税金は、株式譲渡の譲渡益に対する分離課税（税率 20.315%）で課税関係が終了します。

(e) 株主名簿の名簿書換請求

買い手は売り手と共同して、会社に対し、株主名簿の名義書換を請求します（会法 133）。

(f) 株主名簿の書換え

会社は、株主名簿の名義書換請求に基づき、株主名簿の名義書換えを行います。

取締役会議事録

○年○月○日（○曜日）午前○時○分より、当会社本店会議室において取締役会を開催した。

取締役の総数　○名　　出席取締役の数　○名
監査役の総数　○名　　出席監査役の数　○名

以上のとおり出席があったので、本取締役会は適法に成立した。

代表取締役○○○○は議長となり、定刻に開会を宣し、直ちに議案の審議に入った。

議案　株式の譲渡に係る承認の件

議長は、株主○○○○から次の通り、株式の譲渡に係る取締役会の承認を受けたい旨の請求が出された旨の説明をし、本件を議場に諮ったところ、全取締役の賛成で、可決承認した。

記

株式の譲渡者	氏名又は名称　○○○○
	住所　東京都○○○○ 1-1-1
株式の数	普通株式○○株
株式の取得者	氏名又は名称　○○○○○株式会社
	住所　東京都○○区○○ 1-1-1

以上をもって本取締役会の議案を終了したので、議長は閉会を宣し、午前○時○分に散会した。

上記の決議を明確にするため、本議事録を作成し、議長及び出席取締役、監査役がこれに記名捺印する。

○年○月○日

株式会社○○○○取締役会
議長　代表取締役　○○○○　印
取締役　○○○○　印
取締役　○○○○　印
監査役　○○○○　印

(3) 取引実行日までの経営管理

株式譲渡契約締結後も、取引実行日までは売り手オーナーが経営を行うことになりますが、あくまでも売り手オーナーが買い手から一時的に経営を預かっているような状態です。したがって、売り手企業のさまざまな活動を、通常の事業活動の範囲内で行わなければなりません。通常の事業活動の範囲以上の活動を行う場合には、買い手の同意を得なければ行うことはできません。

また、売り手も買い手も、株式譲渡契約で定めた表明保証に違反する行為は行ってはなりません。また。違反の事実や違反のおそれが生じた場合には、速やかに相手方に通知する必要があります。

(4) 取引実行日の手続

取引実行日に、売り手は株式を引き渡し、買い手は株式を譲り受けます。

買い手は、売り手の指定口座に振込送金をします。送金金額が大きい場合には、数日前に取引銀行との調整が必要です。

一方、売り手は、買い手に対し、次の書類を交付します。

① 印鑑証明書

② 株券

③ 取締役会（株主総会）議事録（株式譲渡承認決議）

④ その他重要な財産等（代表印、銀行取引員、印鑑証明カード、不動産権利書等）

売り手企業は、遅滞なく、株主名簿の名義変更を行います。

(5) 取引実行後の手続

① 株主総会の開催

一方で、売り手企業は、株式譲渡日に、株主総会を開催します。株主総会の議題は、次の通りです。

(a) 定款変更の件

会社経営管理の都合上、買い手企業のグループ統一定款に合わせることが多いです。

(b) 役員選任の件

売り手オーナーは、自身を含めすべての取締役及び監査役に株式譲渡日の日付の辞任届を作成させ、売り手企業に提出させます。株式譲渡日に、売り手企業の取締役及び監査役すべてが辞任します。売り手オーナーは代表取締役も辞任します。

株主総会では、買い手企業から送り込む新しい役員を選任します。

(c) 役員退職慰労金の支給の件

株式譲渡日で、売り手オーナーは代表取締役を辞任します。株主総会では、退任する代表取締役に対する役員退職慰労金の支給の件の承認決議を行います。

② 役員退職慰労金の支払い

速やかに銀行振込送金により売り手オーナーに役員退職慰労金を支払います。売り手企業は、役員退職慰労金の支払いに関して、源泉徴収を行います。

退職金を支給する会社は、退職所得控除を適用するために、退職する売り手オーナーから「退職所得の受給に関する申告（退職所得申告)」の提出を忘れずに受けます。

なお、役員退職金の損金算入時期は、①決議日基準と②支給日基準があります。3月決算の会社において、株式譲渡日が3月31日で、役員退職金の支払日が4月1日以降となる場合には、役員退職金を損金算入する事業年度が、会計処理によって2通りあることに注意が必要です。

2 事業譲渡契約

(1) 事業譲渡契約の主な内容

① 事業譲渡契約書のひな型

一般的な事業譲渡契約は、巻末に掲載していますので参照してください。

② 事業譲渡契約の主な項目

事業譲渡契約の主な項目は、次の通りです。

条	項目	内容
1	事業譲渡	事業譲渡を定義します。
2	クロージング日	事業譲渡日を定めます。
3	承継対象資産	承継対象資産、承継対象契約、承継対象債務を定めます。事業承継は個別承継ですので、個別具体的な資産及び負債をできるだけ詳細に記載することが望まれます。記載されていない資産及び契約があった場合には、別途協議の上、価額等を決定することになります。一方、記載されていない債務は一切承継しません。
4	取引先の承継	公表日以降クロージングの前日までに、取引先に十分な説明を行い、承諾を得ることを定めます。承諾を得られない場合には、別途協議にすることになります。
5	従業員の取扱い	事業譲渡は個別承継ですので、承継する従業員の範囲を定めます。未払賃金、退職金債務、その他の労働債務の一切を売り手企業が履行する旨、これらの債務を承継しない旨を定めます。
6	譲渡代金	譲渡代金を定めます。譲渡対象となった資産を課税資産と不課税資産とに区分し、課税資産には消費税を加えます。

7	株主総会決議	会社法では、事業の全部を譲渡する場合、事業の重要な一部を譲渡する場合（事業の資産の帳簿価額が会社の純資産の５分の１を超えている場合）には、株主総会の特別決議が必要と定めています。これに該当する場合には売り手企業に株主総会の決議を求める旨を定めます。
8	許認可	事業譲渡は、許認可は承継されません。事業に必要な許認可の取得、登録、届け出等の手続は協力して行う旨の確認規定です。
9	移転手続	引継書とともに、財産、証憑、帳簿類、取引先リストを引渡す旨を明記します。
10	表明及び保証	「表明保証（108 頁)」を参照してください。
11	公租公課等の負担	期間対応費用の負担関係を定めます。固定資産税等の公租公課、保険料、電気・水道・ガス等の使用料金等について、日割計算し、事業譲渡日前日までの分は売り手企業、事業譲渡日以降の分は買い手企業が負担するのが一般的です。 移転手続にかかる登録免許税等の公租公課は買い手企業が負担することが一般的です。
12	善管注意義務	売り手企業には、契約締結日から事業譲渡日まで、承継対象事業及び承継対象財産に対し、善管注意義務があります。 もし、承継対象資産及び承継対象財産に重大な影響を及ぼすような行為をする場合には、買い手企業の承諾を受けなければなりません。
13	競業避止義務	会社法では、事業譲渡の競業避止義務期間として、原則として 20 年、延長は 30 年まで可能と定めています。一方、短縮は制限されておらず、5 年や 10 年と定めることができます。双方の協議により期間を決定します。
14	本事業譲渡実行の前提条件	①表明保証が真実かつ正確であること、②本契約の義務を履行しかつ遵守していることなど、事業譲渡が実行される前提条件を定めます。
15	事業譲渡条件の変更及び本契約の解除	事業譲渡契約の解除事由を列挙します。

<table>
<tr><td>16</td><td>売り手企業による補償</td><td rowspan="2">一方が表明保証や義務条項に違反したことにより、他方に損害、損失、費用が生じることがあります。このような場合には、その損害等につき相手方に補償請求ができるよう、条項を定めます。補償条項を定めるにあたっては、無制限ではあまりに酷ですので、期間及び上限額を定めることが多くみられます。</td></tr>
<tr><td>17</td><td>買い手企業による補償</td></tr>
<tr><td>18</td><td>秘密保持</td><td>一般的な秘密保持義務を定めます。</td></tr>
<tr><td>19</td><td>第三者への公表日</td><td>本契約の締結の対外的公表日、対外的公表の方法などを定めます。</td></tr>
<tr><td>20</td><td>契約上の地位または権利義務の譲渡等</td><td>書面による事前の承諾を得ない限り、契約上の地位または権利義務の譲渡はできない旨定めます。</td></tr>
<tr><td>21</td><td>準拠法・管轄</td><td>準拠法（日本法）及び管轄（裁判所）を定めます。</td></tr>
<tr><td>22</td><td>誠実協議</td><td>定めのない事項や条項に関する疑義が生じた場合には、誠実協議の上解決する旨を定めます。</td></tr>
</table>

⑵　取引実行前の手続―事業譲渡承認決議

①　売り手企業の株主総会

会社法では、事業の全部を譲渡する場合、事業の重要な一部を譲渡する場合（事業の資産の帳簿価額が会社の純資産の5分の1を超えている場合）には、株主総会の特別決議が必要と定められています。

②　買い手企業の株主総会

会社法では、他の会社の事業の全部を譲り受ける場合には、株主総会の特別決議が必要と定められています。

③　事業譲渡契約の締結

売り手と買い手で事業譲渡契約書を締結します。株式譲渡契約書の締結は、売り手と買い手の代表者が出席する調印式で同日に押印する方法もあれば、持ち回りで押印する方法もあります。

なお、事業譲渡契約書は印紙税の非課税文書ですが、事業譲渡契約に代金授受の記載がある場合には、課税文書（印紙税法別表第一番号十七の1）に該当し、収入印紙の貼り付けが必要です。

(3) 取引実行日の手続

① 買い手企業

事業譲受けを承認決議した買い手企業の株主総会議事録の写し（原本証明付）を買い手企業に提出します。

② 売り手企業

移転手続にあたって、一般的に、次の書面等を買い手企業に交付・移転します。

① 引継書（承継対象資産の細目）

② 承継対象財産

③ 承継対象財産の関係証憑

④ 承継対象財産の帳簿類

⑤ 承継対象事業の取引先リスト

(a) 不動産の承継

不動産など、財産の引渡しにつき、移転行為または対抗要件としての登記・登録・通知・裏書・第三者の承諾等の諸手続が必要なものがあります。これらは、原則として事業譲渡日までに移転手続を完了します。

(b) 雇用契約の承継

雇用契約は当然に承継されません。労働契約の承継は、説明・協議と従業員の同意が必要です。譲受会社は、従業員と雇用契約を締結する必要があります。

(c) 契約の地位の承継

契約上の地位も当然に承継されません。契約の地位の承継は、契約の相手の承諾が必要です。譲受会社は、新たに相手方と契約を締結する必要があります。

なお、事業譲渡の場合、譲渡対価は譲渡会社に帰属するため、譲渡会社の益金に対し法人税等の課税が生じます。また、事業譲渡の対象となる棚卸資産、減価償却資産、のれん等は消費税の課税取引に該当するため、譲渡会社が課税事業者である場合には、消費税の課税関係についても留意が必要です。

郵　便　は　が　き

料金受取人払郵便

落合局承認

4302

差出有効期間
2022年８月31日
（期限後は切手をおはりください）

１６１－８７８０

東京都新宿区下落合2-5-13

㈱ 税務経理協会

社長室行

お名前	フリガナ		性別	男 ・ 女
			年齢	歳
ご住所	□□□-□□□□	TEL （　　　）		
E-mail				
ご職業	1．会社経営者・役員　2．会社員　3．教員　4．公務員 5．自営業　6．自由業　7．学生　8．主婦　9．無職 10．公認会計士　11．税理士　12．行政書士　13．弁護士 14．社労士　15．その他（　　　）			
ご勤務先・学校名				
部署		役職		

ご記入の感想等は，匿名で書籍のＰＲ等に使用させていただくことがございます。
使用許可をいただけない場合は，右の□内にレをご記入ください。　□許可しない

ご購入ありがとうございました。ぜひ、ご意見・ご感想などをお聞かせください。
また、正誤表やリコール情報等をお送りさせて頂く場合もございますので、
E-mail アドレスとご購入書名をご記入ください。

この本のタイトル	

Q1　お買い上げ日　　　　年　　月　　日

ご購入方法　1．書店·ネット書店で購入（書店名　　　　　　　　）
　　　　　　2．当社から直接購入　　3．その他（　　　　　　　　）

Q2　本書のご購入になった動機はなんですか？（複数回答可）
1．タイトルにひかれたから　　2．内容にひかれたから
3．店頭で目立っていたから　　4．著者のファンだから
5．新聞・雑誌で紹介されていたから（誌名　　　　　　　　）
6．人から薦められたから　　7．その他（　　　　　　　　）

Q3　本書をお読み頂いてのご意見・ご感想をお聞かせください。

Q4　ご興味のある分野をお聞かせください。
1．税務　　2．会計・経理　　3．経営・マーケティング
4．経済・金融　　5．株式・資産運用　　6．法律・法務
7．情報·コンピュータ　　8．その他（　　　　　　　　）

Q5　カバーやデザイン、値段についてお聞かせください

①タイトル	1良い	2目立つ	3普通	4悪い
②カバーデザイン	1良い	2目立つ	3普通	4悪い
③本文レイアウト	1良い	2目立つ	3普通	4悪い
④値段	1安い	2普通	3高い	

Q6　今後、どのようなテーマ・内容の本をお読みになりたいですか？

ご回答いただいた情報は、弊社発売の刊行物やサービスのご案内と今後の出版企画立案の参考のみに使用し、他のいかなる目的にも利用いたしません。なお、皆様より頂いた個人情報は、弊社のプライバシーポリシーに則り細心の注意を払い管理し、第三者への提供、開示等は一切いたしません。

第 10 章

M&Aのための会社の磨き上げ

1　会社の磨き上げ

経営者が会社の譲渡を具体的に検討していなくても、事前に会社の磨き上げをしておくことはよいことでしょう。親族への承継や、従業員への承継を想定している場合であっても、会社の磨き上げは、企業の発展や円滑な承継に役立ちます。もちろん、経営者が会社の譲渡の意思決定をしたときには、M&A手続がスムーズになりますし、会社の譲渡価額の引上げにも資するでしょう。

中小企業庁の中小企業M&Aガイドラインにおいても、事業承継においては、経営状態・経営課題等の現状把握（見える化）と、事業承継に向けた経営改善等（磨き上げ）が必要とされ、その中でも、最低限①株式の整理・集約、事業用資産等の整理・集約の2つが必要と述べられています。

さらに、中小企業M&Aにおいては、次のような事項が問題となることが多く、顧問先にこのような問題がある場合には、整理をしておくことが望ましいと述べています。

①　名義株や所在不明株主の存在

②　役員社宅や役員貸付金

③　役員保険といった同族関係者と会社との取引

④　事業用資産の所有関係等

⑤　未計上の退職給付債務や未払残業代等の簿外債務等

具体的には、次のような項目を事前に検討しておきましょう。

①　会社の基礎資料の整理

②　実態損益計算書の作成

③　実態貸借対照表の作成

④　会社の分析資料の作成

⑤　SWOT分析

⑥　会社の課題の認識

⑦　デューディリジェンスに耐え得る会計税務・労務資料の整備

2　会社の基礎資料の整理

(1)　会社の基礎資料の概要

M&Aにあたっては、M&Aアドバイザーや買い手候補者に、会社のさまざまな資料を提出しなければなりません。M&Aアドバイザリー契約を締結後に、会社の資料を探し出したり作成したりするのでは、迅速な対応ができません。資料があったとしても提出に耐え得ない資料しか会社にないこともあり得ます。M&Aにあたって一般的に要求されると思われる資料を、日頃から準備し、整理しておきましょう。それが、会社の磨き上げの第一歩です。

会社の譲渡に際して、一般的に要求される資料は、次の通りです。特別なものはありません。掲げられた資料は、いつでも確認することができるよう、整理をしておきましょう。

区分	資　料　名	期間
概要	①定款	最新
	②株主名簿（株主の履歴）	最新
	③株主総会議事録・取締役会議事録（議事録一覧）	3期分
財務	④税務申告書一式・決算書・勘定科目内訳書	3期分
	⑤事業計画書（中長期事業計画）	進行期、3期分
	⑥月次決算管理資料（予算実績比較分析）	3期分、進行期
人事	⑦組織図（人名入り）	最新
	⑧就業規則、給与規程、賞与規程、退職金規程	最新
	⑨出退勤管理資料（時間外手当計算資料）	3期分
法務	⑩契約書（契約書一覧）	

⑵　定款

会社法改正に対応していない定款もよくみられます。現行定款が、現行の会社法の規定にきちんと適合しているかを確認しておきましょう。絶対的登記事項、任意的登記事項と定款が一致しているかを確認するとともに、これらの事項については、定款でその内容を押さえておきます。現行定款が見当たらないということであれば、株主総会で、登記事項させた定款を新たに作成し、全面改訂の定款変更決議を行うのがよいでしょう。

①　絶対的登記事項

(a)　商号

(b)　本店及び支店の所在場所

(c)　目的

(d)　資本金の額

(e)　発行可能株式総数

(f)　発行済株式の総数並びにその種類及び数

(g)　取締役の氏名

(h)　代表取締役の氏名及び住所

(i)　公告方法

②　相対的記載事項（主なもの）

(a)　株券発行会社

(b)　株式の譲渡制限

(c)　取締役会設置会社

(d)　監査役設置会社

⑶　株主名簿

①　株主名簿の整備

株主名簿は、会社法上、必ず作成されていなければなりません。株主名簿を作成していない場合には、作成しましょう。

株主名簿の法定要件は、次の４つです。

(a)　株主の氏名又は名称及び住所

(b)　株主の有する株式の数（種類株式を発行している場合　株式の種類及び種類ごとの数）

(c)　株主が株式を取得した日

(d)　（株券発行会社である場合）株券の番号

株主名簿は、次のような様式で作成します。また、会社設立後の株主の変遷についてもわかる範囲でまとめておきましょう。

株式の氏名または名称	住所	株式の種類	株式数	株式の取得日	株券番号	備考
山田太郎	東京都××	普通	1,000株	2010年4月1日	—	株券不発行
山田一郎	東京都××	普通	500株	2012年4月5日	—	株券不発行
山田花子	静岡県××	普通	500株	2010年4月1日	—	株券不発行
山田三郎	静岡県××	普通	300株	2010年4月1日	—	株券不発行

株主の情報は、法人税確定申告書「別表二」にも記載があります。不整合とならないよう、「別表二」と株主名簿は照合しておきましょう。

②　株式・株主の整理

非上場会社の株式の問題は、(a)名義株、(b)所在不明株主、(c)株券紛失の３つに集約できます。

(a)　名義株の整理

名義株とは、株主名簿上の名義と実質上の所有者が一致していない株式をいいます。株主名簿の株主の中に、名義株があるかどうかを経営者に確認します。名義株が生じた原因には、旧商法時代に発起人７名の条件を満たすために発起人の名義を借りた場合、相続税対策としてオーナーの従業員や知人に名義を借りた場合、贈与手続や意思確認なしに親族に名義を書き換えた場合などがあります。

名義株は、名義を借りた人が後日「私が実質株主だ」と主張するなど、トラブルを引き起こします。また、M&Aで株式を譲渡した場合に、誰が譲渡益課税を受けるべきかという課税上の問題も生じます。

名義株がある場合には、早い段階で実質株主に株主名簿を変更しておきましょう。その際には、のちのトラブルを避けるためにも、名義人から、念書（確認書）を取っておきましょう。名義人の自署、実印による押印が望ましいです。

名義株に関しての確認書

株式会社　○○○○　御中

○○○○（以下、「甲」という。）の名義の株式会社○○○○普通株式　合計○○○株は、甲が払込み（又は取得）をしたものではなく、いわゆる名義株であって、真正な株主○○○○（以下、「乙」という。）に依頼されて乙に名義を貸したものであり、甲は何らの権利を有するものではありません。当該株式は、本来の権利者である乙への名義書換に応じることに合意いたします。

○○年○○月○○日

甲　東京都千代田区○○○
○○○○（自署）　（実印）

乙　東京都新宿区　○○○
○○○○（自署）　（実印）

実質株主に名義書換を行うにあたっては、法人税における同族会社判定における株主グループ判定や、相続税における取引相場のない株式の評価における筆頭株主グループ、同族関係者グループの判定など、税務への影響も検討しましょう。

(b) 所在不明株主の所有株式の整理

所在不明株主の所有株式は少し厄介です。所在不明株主とは、住所や所在地が不明となっている株主です。5年以上の間、会社から送付する株主総会招集通知等が届かず、会社からの配当の受領もないのであれば、所在不明株主が所有する株式を発行会社が買い取る、「所在不明株主の株式売渡制度」を利用することにより整理ができます。

まず、会社が、所在不明株主の株式を会社に売り渡してほしい旨の公告・催告を行います。一定期間内に公告・催告に異議が申し立てられなければ、取締役全員の同意により、会社は裁判所に対して所在不明株式の売却許可の申立てをします。裁判所から売却許可決定が出れば、会社は所在不明株主の所有株式を買い取ることができます。買取り代金は、法務局に供託されます。

(c) 株券喪失

株券を発行している会社において、株券を喪失してしまった株主もいるでしょう。株式発行会社は株券交付が株式譲渡の要件ですので、株券がなければ、株式譲渡もできません。

株券を喪失してしまったら、喪失した株券を無効化する必要があります。株券を無効化するには、会社法の株券喪失登録制度を利用します。

株券を喪失した株主は、会社に対し株券喪失登録の申し出を行います。会社は株券喪失登録簿を作成し、喪失した株券を登録します。喪失登録がされた日の翌日から1年間株券所有者が現れなければ、その株券は無効となります。喪失株券が無効となったら、会社は、喪失登録者に、株券を再発行します。

(d) 株券不発行会社への移行

株券喪失登録制度の利用は1年待たなければならないという点において現実的ではありません。そこで、実務的には、株券不発行会社になる手続が採用されています。

会社が、株券を発行しているか、していないかの確認が必要です。

現行の会社法では、株券の不発行が原則で、株券の発行は例外であり、株券を発行するには、その旨を定款に定めることとされています。

しかし、会社法施行（平成18年5月1日）以前に設立された会社は、株券の発行が原則であり、株券の不発行は例外で、株券を不発行とするには、その旨を定款に定めることとされていました。したがって、会社法施行時に、定款で「株券を発行しない旨」を定めない会社は、「株券を発行する旨」の定款の定めがあるとみなされ、登記官の職権により株券を発行する旨が登記されています。

つまり、平成18年5月以降に設立された会社は、原則として、株券不発行会社であり、株券発行会社は例外です。一方、それ以前に設立された会社は、原則株券発行会社、例外が株券不発行会社です。なお、有限会社は、原則株券不発行会社、例外が株券不発行会社です。

区分		原則	例外
株式会社	平成18年4月以前	株券発行会社	株券不発行会社
	平成18年5月以降	株券不発行会社	株券発行会社
有限会社		株券不発行会社	株券発行会社

株券の発行は、株券の紛失といったリスクがあるため、株券不発行会社になっておくのがよいでしょう。株券発行会社でも、実際に株券を発行していない会社も多くあります。会社を株券不発行会社とする手続は、実際に株券を発行しているか否かによって異なります。

実際に株券を発行していない場合は、株主総会の特別決議で、株券を発行しない旨を定款に定める定款変更及び株券廃止の効力発生日を承認決議し、株主及び登録株式質権者に対し、株券を発行する旨の定款の定めを廃止する旨を通知することにより、株券不発行会社になることができます。その後、株券不発行である旨の登記申請を行います。

実際に株券を発行している場合には、株主の全員が株券を会社に提出し、かつ、株券不所持の申出をすれば、株主総会の特別決議及び株主等への通知で、株券不発行会社になれます。

実際に株券を発行している場合で、株券の喪失により株主の全員が株券の提出をできないのであれば、株主総会の特別決議で、株券を発行しない旨と定款に定める定款変更及び株券廃止の効力発生日を承認決議し、株券を発行する旨の定款の定めを廃止する旨の公告とともに、株主及び登録株式質権者に通知をすれば、株券不発行会社になることができます。その後、株券不発行である旨の登記申請を行います。

(4) 株主総会議事録・取締役会議事録

会社法では、株主総会は年1回、取締役会は、3か月に1回の開催が求められます。また、株主総会議事録と取締役会議事録を会社に備え置くことが求められます。しかし、ほとんどの中小企業では、税務目的（役員報酬の定期同額給与、事前確定給与の承認）及び登記（役員選解任、代表者選定）のためだけに、株主総会議事録及び取締役会議事録が作成されているのが現状です。登記申請時に議事録の添付が要求されている決議事項が議題となっている株式総会、取締役会は、議事録が作成されているものの、添付が要求されていない決議事項が議題となっている株式総会、取締役会は、議事録が作成されていないというケースはよくみられます。

議事録がないということは、法定の意思決定機関での承認がないということになり、手続に瑕疵があるということにほかなりません。会社の行為が法律上は不安定な状況にあるといえます。

株主総会議事録、取締役会議事録を会社法の法令に適合するように作成、備置きすることは、会社の法律手続を安定化させ、ひいては、将来のM&Aを円滑に行うことにつながります。

例えば、次に掲げる決議事項について、株主総会又は取締役会で承認決議が適正になされているか、議事録が適正に作成されているかどうかを確認しましょう。

① 株主総会議事録

① 特定株主からの自己株式の取得

② 計算書類の承認

③ 剰余金の処分

④ 剰余金の配当

⑤ 譲渡制限株主の相続人に対する売渡請求

⑥ 現物配当

⑦ 事業譲渡の承認

②　取締役会議事録

①　重要な財産の処分及び譲受け

②　多額の借財

③　支店その他の重要な組織の設置、変更及び廃止

④　自己株式の取得

⑤　株主総会の招集の決定

⑥　取締役による競業取引及び利益相反取引の承認

⑦　計算書類及び事業報告並びにこれらの附属明細書の承認

議事録は、株主総会、取締役会ごとに、議案、報告事項を一覧表でまとめておくのもよいでしょう。

開催日時	区分	号数	決議事項等	特記事項
R1.10.10 10：00–12：00	報告 決議	1	事業報告の内容報告の件及び貸借対照表、損益計算書及び株主資本等変動計算書及び個別注記表承認の件	
	決議	2	剰余金の配当承認の件	
	決議	4	取締役報酬改定承認の件	
	決議	3	事前確定届出給与承認の件	

(5)　税務申告書一式・決算書

税務申告書は、一式をいつでもすぐに提出できるように整理しておきましょう。M&Aの資料提供においては、PDFを電子メールで送付するなど、電子的にやりとりすることも多いため、一式を事業年度ごとにPDFファイルにしておくのがよいでしょう。一式とは、具体的には、次の6点をいいます。

①　法人税の確定申告書・地方税（都道府県税・市町村民税）の確定申告書

②　消費税及び地方消費税の確定申告書

③　決算報告書（貸借対照表、損益計算書、株主資本等変動計算書、個別注記表）

④　勘定科目内訳明細書

⑤　法人事業概況説明書（税務署所管法人）、会社事業概況書（調査課所管法人）

⑥　出資関係図（出資関係を系統的に記載した図）

(6) 事業計画書

中堅規模以上の会社では事業計画を作成していますが、中小企業では、事業計画を作成していない会社がほとんどでしょう。しかし、事業計画の作成は、M&Aを実行するにあたって、株式価値を高めるものであるといえます。事業計画は、月次で、顧客ごと、商品・サービスごとに売上を計画し、また、発生する費用を費目ごとに固定費と変動費に区分し計画し、理論的に積み上げた事業計画を作り上げる必要があります。事業計画の作成は、M&Aだけでなく、会社の経営をより強固にするための必要な業務でもあるといえます。M&Aをするか否かにかかわらず、毎期事業計画を立案すべきでしょう。

(7) 月次決算分析管理資料

損益に対する管理体制がきちんとしていることは、会社の価値をさらに高めます。月次決算が毎月適時にきちんと行われており、年初に定められた事業計画との予算実績比較分析が行われ、経営に報告されていることが求められます。月次決算の分析は、前年同月比、前月比、予算実績比の3つの観点から行います。

M&Aでは、2〜3期の直前期の決算書を基に調査が行われますが、進行期の月次決算も見られます。M&Aにおいては、月次決算にある程度の精度が求められているともいえます。

(8) 組織図

M&Aでは、会社の組織や業務の説明について、組織図を基に行う場面が増えます。通常の組織図だけでなく個人名入りの組織図を作っておくのがよいでしょう。

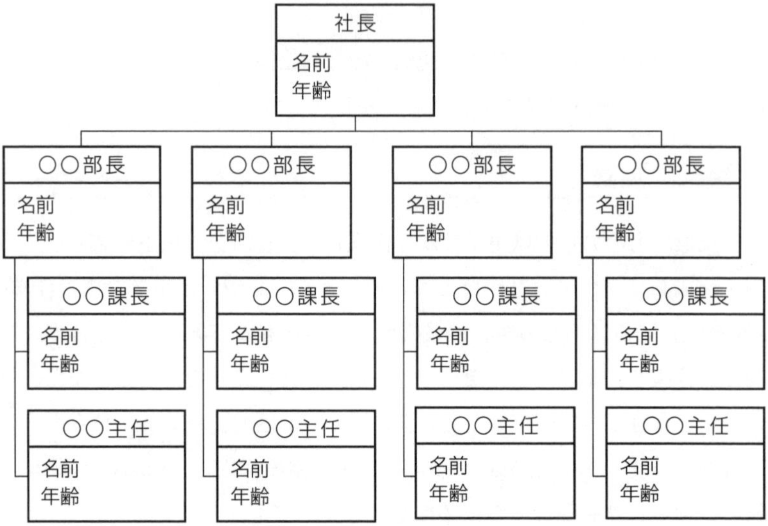

(9) 就業規則・雇用契約書

常時従業員が10名以上いる会社には、労働基準法により就業規則の作成が義務づけられています。また、アルバイトや有期雇用者を雇う場合には、雇用契約の締結が義務づけられており、有期雇用者以外の雇用者を雇う場合には、採用時労働条件通知書（勤務時間、勤務場所、基本給、休暇等の基本的な労働条件について明示したもの）の交付が義務づけられています。

これらの法定書面が法律に沿って作成されているかどうか確認しておきましょう。労務法令は近年頻繁に変わっているため、定期的に社会保険労務士にレビューしてもらうのもよいでしょう。

(10) 出退勤管理資料・年次有給休暇管理資料

M&Aにおいて、よく問題になるのは、未払残業代と年次有給休暇の未消化分です。そもそも労務時間の管理がなされておらず、実際に残業しているにもかかわらず残業代を支払っていないケース、みなし残業時間制度を採用しているものの、みなし残業時間を超える時間の残業をしていたとしても労働時間を管理しておらず残業代を支払っていないケースなどがあります。未払残業代の消滅時効は2年（2020年4月以降は3年）です。M&Aにあたって、買い手はこの未払残業代を精算後、会社を買収したいと考えるのが通常です。

また、年次有給休暇は年度で付与されますが、繰越が何年認められるかは会社の規定によります。年次有給休暇の未消化分も、会社にとって簿外の債務となりますので、会社の譲渡価額に影響します。

このため、出退勤管理資料及び年次有給休暇管理資料の整備が求められます。

⑾ 契約書

M&Aにあたっては、取引先等との契約も買い手に承継されます。契約書をきちんと管理していなければ、事業の引継ぎが円滑に行えません。契約書の整理が求められます。

会社によっては、契約書の現物は現場（各事業部門）で保管するものとして会社全体として一元管理ができていない会社も少なくありません。契約書の現物は、特定の部署に契約書を一元管理させるとともに、契約書管理台帳を作成し、契約書をリスト化しておくのがよいでしょう。また、締結後の契約書をPDF化し、会社のサーバーに保存する規則を定めるのも一法です。

No	契約相手の名称	契約書の名称	契約締結日	契約開始日/契約終了日	自動更新の有無	所轄部署	管理番号
1	A社	業務委託	2020.3.31	2020.4.1	有	営業	202002
2	B社	業務委託	2018.4.1	2018.4.1	有	総務	201801
3	C社	秘密保持	2019.5.1	2019.6.1	有	経理	201901
4	D社	取引基本	2019.6.1	2019.7.1	有	営業	201902
5	E社	取引基本	2020.3.1	2020.4.1	有	営業	202001

⑿　賞与規程・退職金規程の整備

中小企業においては、賞与規程や退職金規程が定められていないことがほとんどと思われますので、これらの規程を整備するのもよいでしょう。賞与及び退職金は、必ず支給しなければならないものではありません。賞与制度や退職金制度を設けた場合は、就業規則に一定の事項を記載しなければなりません。なお、退職金制度を設定した場合には、退職金要支給額が隠れた債務となるため、退職金制度を導入した会社は、毎事業根度末に、要支給額を計算しておくのがよいでしょう。実態貸借対照表を作成する場合には、退職金要支給額相当額を退職給付引当金として控除します。もちろん、中小企業退職共済制度を利用すれば、外部積立であり、要支給額等の債務はありません。

⒀　役員退職慰労金規程の整備

将来の役員退職金の損金算入のリスク回避のために、あらかじめ役員退職慰労金規程を作成しておくこともよいでしょう。役員退職金は一般的には、「最終報酬月額×役員在任年数×功績倍率」とされますが、功績倍率を明確に定めておくことによって、算定根拠が明確になります。

ただし、M&Aにおいては、あくまでも買い手との交渉によって、役員退職金の額が決定されます。想定の譲渡価額から役員退職金を控除して、最終的な譲渡価額が決定されますが、株式譲渡金額を少なくし役員報酬を多くすることが必ずしも税負担を軽くするわけではありません。M&Aでの退職時には、税負担も考慮したうえで、買い手との交渉によって決められるということを念頭に置いておきましょう。

3 実態損益計算書の作成

買い手企業が売り手企業の買収の可否及び買収価額を検討するにあたっては、実態損益計算書を作成するのが一般的です。

実態損益計算書を作成するのは、売り手企業の損益計算書を修正し、本来の会社の実力としての損益を把握することにあります。したがって、要修正費用項目を把握・集計し、実態損益計算書を作成することにより、本来の会社の実力の損益がどのようになっているか毎期確かめておくことは有用でしょう。EBITDAについても算出しておきます（53頁参照）。

実質営業利益の算定

	N−2年度	N−1年度	N年度	N+1年度
	実績	実績	実績	見通
売上高	1,000	1,100	1,200	1,300
売上原価	500	510	520	530
売上総利益	500	590	680	770
販売費及び一般管理費	400	430	500	600
営業利益	100	160	180	170
役員報酬	200	200	200	200
交際費（個人的支出）	10	15	12	24
非経常費用	10		30	
非事業関連費用	4	4	5	5
先行投資費用		30	30	
新役員報酬	△100	△100	△100	△100
実質営業利益	224	309	357	299

EBITDA の算定

	N−2 年度	N−1 年度	N 年度	N+1 年度
実質営業利益	224	309	357	299
減価償却費（原価）	30	30	20	35
減価償却費（販管）	20	10	15	20
EBITDA	274	349	392	354

(1) 役員報酬

オーナー経営者の役員報酬の額はさまざまです。オーナー経営者が、多額の役員報酬を受けている会社もあります。一方、オーナー経営者自身、他から十分な収入があるため、実際の業務執行があるにもかかわらず役員報酬をゼロとしている会社もあります。このため、営業利益を見ただけでは、会社の本当の実力（損益）はわかりません。毎年度の役員報酬額を把握し、役員報酬を適正額に引き直す必要があります。

役員報酬の適正額は、会社への関与度合いも異なりますので、一概にいえないところです。役員報酬については、現役員の勤務度合い、労働貢献度合い、従事度合いなどから勘案します。M&A 後は、現役員は退任し、買い手企業の役員が兼務あるいは役員の出向・派遣が行われるのが一般的です。現役員の退任、新役員の出向・派遣が前提であれば、現役員は退任するとして現役員の役員報酬を足し戻し、新役員の役員報酬として 1 人あたり 1,200 万円程度を想定して費用と見込みます。

(2) オーナーの個人的支出

中小企業では、役員社宅や社用車の貸与など、オーナー経営者と会社の取引が多くなされているのが実態です。これらの取引は、個人的支出が会社の支出と混在しているのが実態です。M&A 後は、これらの取引が一掃されることになるため、現状の利益よりも、利益が多くなることもあります。オーナー経営者と会社との取引を抽出し、個人的な支出を排除した実態営業利益を毎期算定しておくことは、真の会社の実力を知るうえで有用です。

役員と会社の取引については、次のような取引があります。

① 役員社宅（賃貸料、減価償却費、固定資産税等）

② 役員の社用車（減価償却費、駐車場代、ガソリン代、車両維持費等）

③ 役員の支出（交際費、会議費、寄付金、旅費交通費）

④ 役員の生命保険料の支払い（生命保険料、保険積立金）

⑤ 役員の資産保全会社との取引（ロイヤリティー、業務委託費等）

⑥ 役員所有の固定資産などの賃借（地代家賃）

⑦ その他

(3) 非経常的な損益

株式の評価にあたっては経常的な利益が指標として用いられ、非経常的な損益は排除して評価します。

その年度だけの特別な売上取引や仕入取引、退職者がたまたま重なったことによる多額退職金の支払い、大規模な修繕による臨時の多額の費用などの、非経常的な損益があった場合には、これらの非経常的な損益を排除して平準化した損益を把握します。中小企業の場合には、非経常的な損益が必ずしも特別損益の利益区分で計上されておらず、販売費及び一般管理費や売上原価で計上されていることもあるため、オーナーへのヒアリングにより、それを把握しておきましょう。

節税対策で、保険や、オペレーションリース等の費用が計上されている場合があります。これらの契約は、M&A後は解約されるでしょうから、これらの費用が生じません。本来の損益を算出するために足し戻します。

(4) 継続を予定してない事業・本業以外の事業から生じている赤字

会社として、今後継続を予定していない事業または本業以外の事業がある場合に、その事業から生じる赤字については、通常の事業から生じる損益とは区別しておきましょう。会社の本当の実力を知るためには、継続を予定していない事業から生じている赤字を排除した、営業利益を把握します。

(5) 先行投資に関する費用

事業の性格上、先行投資が必要なこともあります。先行投資がある場合には、収益に対して先行して費用が発生するため、費用が多額に発生しています。会社の本当の実力を知るためには、先行投資に関する費用を排除して、営業利益を把握します。

(6) 新役員報酬

新役員報酬は、会社買収後、新経営体制における役員報酬を想定して算定します。この新役員報酬は、買い手が判断するものですので、あまり気にせず、「役員として必要な人員数×1名あたり1,000万円程度」で算定すればよいでしょう。

(7) EBITDA

EBITDAは、企業価値評価に使われます。実務上は、営業利益に減価償却費を加算して算出します。いわば、キャッシュベースの儲けです（53頁参照）。売上原価及び販売費及び一般管理費に含まれる減価償却資産の償却費、繰延資産（長期前払費用）の償却費等を集計し、修正後の実質営業利益に加算します。

企業価値評価では、EBITDAに倍率（おおよそ2倍〜10倍）を乗じた額が企業価値として算定されます。企業価値から有利子負債、非事業用資産、現預金を減算して株主価値を算定します。EBITDA自体も、会計上の数値ではなく修正後の数値を使用すべきです。実態損益計算書を作成する際に、EBITDAも算定しておくことにより、企業価値評価をすることが容易になります。

4 部門別損益計算書の作成

会社の行っている事業が単一事業であれば、部門別損益が行われていないことも多いでしょう。部門別損益の把握は、M&A アドバイザーや買い手候補先に有用な損益情報を提供することができます。

M&A を検討する際には、本社費（管理部門費用）と事業部門の損益を区分して部門別損益を把握しておくのは有用です。

なぜなら、M&A 後、売り手企業の管理部門の業務は、買い手企業の管理部門でまかなえることがあるでしょう。いいかえれば、買い手企業が売り手企業を取得した後、売り手企業の本社費（管理部門費用）を減らすことができ、ひいては現状の売り手企業の営業利益よりも多くの利益を得ることができます。したがって、買い手企業にとって、売り手企業にどのくらいの本社費が生じているかは興味があります。

また、売り手にとって、会社すべてではなく、事業部門の一部を譲渡したいという場合もあるでしょう。また、買い手起業にとって、会社すべてではなく、特定の事業部門に興味があるということもあります。このような場合に必要となるのが、事業部門別損益計算書です。

もちろん、部門別損益計算書の作成は、M&A の目的だけでなく、事業部門の損益管理による経営管理の強化にも資するでしょう。M&A を当面考えていなくても、部門別損益管理は会社の経営に取り入れることを検討しましょう。

会計システムで当初から部門別損益計算を行っている会社はそのまま利用すればよいでしょう。部門別損益計算を行っていない場合には、次の手順に従って部門別損益計算書を作成します。

① 全社事業から A 事業、B 事業それぞれの事業の売上や直接要した費用を集計します。

② 本社費に該当する費用を集計します。本社費とは、本社経費、例えば管理部門の費用、借入利息などです。

③　残額については、共通経費に該当しますので、A事業、B事業、本社費に一定の基準に従って配賦します。

もちろん、店舗経営等を行っている会社においては、店舗別損益計算書を作成し、損益を責任単位に割り振ります。

部門別損益計算書

	A事業	B事業	本社費	全社損益
売上高	1,500	2,000		3,500
売上原価	600	1,080		1,680
材料費	100	200		300
人件費	300	600		900
経費	100	80		180
外注費	100	200		300
売上総利益	900	920		1,820
販売費及び一般管理費	370	390	610	1,570
役員報酬	100	100	300	500
給与	150	150	40	340
賞与	10	10	10	30
法定福利費	20	20	60	100
……	50	50	40	140
地代家賃	50	50	50	150
減価償却費	10	20	40	70
……	50	50	40	140
雑費	30	40	30	100
営業利益	430	430	△610	250

5　実態貸借対照表の作成

会社を買収するにあたっては、買い手企業が、会社が所有する資産のうち取得不要と判断する資産もあります。

例えば、次のような資産があります。

①　役員社宅

②　役員の社用車（個人使用）

③　ゴルフ会員権・施設利用権

④　会社の保養所（個人使用）

⑤　本業に関係ない収益用不動産

⑥　有価証券、出資金

⑦　関係会社、役員、従業員に対する貸付金

⑧　保険積立金

これらの資産は、非事業用資産といいます。会社の貸借対照表に計上されている資産の中から非事業用資産を把握するとともに、時価を把握します。処分が可能なものは、いっそのこと処分するのもよいでしょう。

企業価値評価においても、非事業用資産を用いて計算を行います。具体的には、DCF法（ディスカウンテッドキャッシュフロー法）で算定した事業価値に非事業用資産を加算して企業価値を算定します。その意味でも非事業用資産の特定は必要です。

また、オーナー個人が所有している資産で、会社がオーナーから賃借している事業用資産も把握しておきます。重要な事業用資産については、会社での取得を検討しておきましょう。

貸借対照表から非事業用資産を排除した実態貸借対照表を毎期作成しておくのがよいでしょう。

実態貸借対照表

	N 年度　簿価	調整額	時価	非事業用資産
【流動資産】	520	−30	490	
現金	300		300	◎
普通預金	100		100	◎
売掛金	100	−20	80	
前払費用	10		10	
仮払金	10	−10	0	
【固定資産】	520	100	620	
器具備品	10		10	
土地	500	100	600	◎
保険積立金	10		10	◎
資産合計	520	70	590	

	N 年度　簿価	調整額	時価	非事業用資産
【流動負債】	100	0	100	
短期借入金	100		100	
買掛金	20		20	
未払金	30		30	
未払法人税等	10		10	
未払消費税等	20		20	
預り金	30		30	
【固定負債】	100	0	100	
長期借入金	100		100	
負債合計	200	0	200	

	N 年度　簿価	調整額	時価
純資産合計	320		390

負債及び純資産合計	520

6 会社の分析資料の作成

会社の損益計算書と貸借対照表を見るだけでは、会社のビジネスの実態はまったくわかりません。そこで求められるのが、会社のビジネスの実態が分かる分析資料です。例えば、次のような分析資料は、会社のビジネスの実態を理解するうえで有用です。

① 販売先（得意先）ごとの売上高推移（3～5年）

② 仕入先ごとの仕入高推移（3～5年）

③ 外注費の仕入高推移（3～5年）

④ 部門別損益の推移（3～5年）

⑤ 人員数及び給与等支給額の推移（3～5年）

⑥ 顧客ごとの受注残高推移（3～5年）

⑦ 月次資金繰り表（実績）

⑧ KPI（重要業績評価指数）

KPIは、財務諸表数値では計り知れない現場での管理数値です。業種ごとに特有のKPIがあるため、それぞれの会社に適合したKPIを定め実績分析しておくのは、経営管理上も有用です。

業　種	KPI（例）
製造業	生産コスト、生産数、在庫数、在庫保有期間、原価率、不良品数、不良率、時間稼働率、事故発生件数、クレーム件数、一人当たり生産高、稼働率、欠品率など
物流・運送業	荷物積載率、実車率、荷物配送率、ドライバー待機時間、拠点別売上高、車両別売上高、日次売上高、離職率、求人倍率など
飲食、小売業	平均顧客単価、平均接客時間、来店者数、店舗別売上高、回転率
ホテル業	客室平均単価、稼働率、摂食率など
ウェブ事業	ページビュー数、リピーター率、平均セッション率、直帰率など

7 SWOT 分析

会社の強みを適正に主張することは、M&Aの成約確率を高めることになりますし、結果としてM&Aにおける譲渡価額をを高めることができます。このため、会社の強み・弱みを、売り手として把握しておく必要があります。会社の強み・弱みを把握するにはいろいろな方法がありますが、分析手法として、SWOT 分析のフレームワークを利用するのもよいでしょう。

SWOT 分析のフレームワークは、会社の外部環境（機会と脅威）と内部環境を整理し、会社の強みと弱みを明確にしていくことが可能です。SWOT 分析は、強み（Strength）、弱み（Weakness）、機会（Opportunity）、脅威（Threat）の頭文字をとっています。自社でコントロールできる内部環境を強みと弱みとに、自社でコントロールできない外部環境を機会と脅威とに区分して分類します。

	プラス要素	マイナス要素	例
内部環境	強み Strength	弱み Weakness	・組織 ・競争上の優位性（価格、品質、技術力、サービス、認知度、ブランド力、立地など） ・源（知識、ネットワーク、スキル、評判、顧客、技術、特許、インフラ、教育など）
外部環境	機会 Opportunity	脅威 Threat	・政治 ・景気動向・経済状況 ・法律 ・市場規模 ・市場の成長性 ・競合の状況

弱みのない会社は存在しません。必ず会社には弱みがあります。SWOT 分析での検討を通じて、会社の弱みを認識します。自力で克服できる弱みであれば、その弱みを克服することにより、会社の経営が向上し、最終的に企業価値も高まります。自力で克服できない弱みもあるかもしれませんが、M&Aにおいては、競争上の優位性や資源がある買い手候補先に会社を譲渡することにより、

会社の利益が増大する結果となるかもしれません。会社の弱みの認識は、買い手候補先の探索にも有用です。

8 デューディリジェンスへの準備

⑴ 決算・税務申告時における財務情報の磨き上げ

M&Aにおいては、財務・税務デューディリジェンスが行われるのが一般的です。デューディリジェンスでどのような調査が実施されるか知っておくことは、なにより安心ですし、事前に対策ができるのであれば対策しておくことがよりよいに違いありません。決算・税務申告時における財務情報の磨き上げのポイントを紹介します。

① 貸借対照表、損益計算書の推移分析

財務デュー・ディリジェンスでは、会社の過去の財政状態や経営成績の傾向を知るために、貸借対照表及び損益計算書の推移分析を行います。毎期の決算時に、3〜5期程度の推移表を作成しておくのは、経営管理の観点からも有用です。

そのうえで、貸借対照表及び損益計算書の重要科目の内訳の増減や多額の増減がある勘定科目の増減理由を、文書化しておきます。例えば、売上高の増減及び粗利益率の増減、労務費の増減、外注費の増減、役員借入金の増減はどのような理由で増減したかをまとめておきましょう。税務申告の書面添付制度における税理士法33条の2に規定する添付書面は、まさしく税務署に対する申告書の作成に関して、計算整理した事項の説明資料であり、その記載内容は財務デューディリジェンスに通じるものがあります。33条の2の書面「3 計算し、整理した主な事項 (2) (1) の内顕著な増減事項」の箇所でも「増減理由」を記載することになっています。33条の2の書面を申告時に提出するか否かにかかわらず、重要科目等の増減理由を毎期文書化しておくのは有用です。

法人税法施行規則35条で個別注記表が法人税申告書の添付書類として求められていないことから、個別注記表を作成していない会社もあるようです。しかし、会社法で義務づけられている書類であることから、個別注記表は必ず作

成しておくのがよいでしょう。少なくとも、重要な会計方針に係る事項に関する注記（有価証券・棚卸資産の評価基準及び評価方法、固定資産の減価償却の方法、引当金の計上基準、リース取引の処理方法など）は最低限記載しておくことは、決算書の信頼性が増します。特に、会計方針についてあいまいなまま会計処理をしている会社も多くみられます。個別注記表を作成することによって会計方針を明確化しておきましょう。

② 勘定科目内訳書の検討事項

財務デューディリジェンスでは、勘定科目内訳書などに基づき、勘定科目の内訳を把握するとともに、資産・負債の実在性、評価の妥当性、オフバランス項目の有無が確認されます。

勘定科目内訳書作成時に、資産・負債の実在性、評価の妥当性を検証しながら、決算及び申告業務を行うのは、財務情報の磨き上げにつながります。

ⓐ 預貯金等の内訳書

預貯金等の内訳書では、銀行口座別の預金残高が把握されます。調査基準日時点において、金融機関が発行する残高証明書の入手を依頼されることもあります。顧問先には、毎期末、金融機関が発行する残高証明書の入手を依頼しておきましょう。多少のコストはかかりますが、年に1度は証明書を入手することによって、横領などの社内不正防止にも役立ちます。

会社の銀行口座の利用状況についても把握しておきましょう。銀行口座別に、給与口座、支払口座、入金口座等に分別して利用している場合には、口座ごとの使途を把握します。

会社の資金繰りの観点から、営業債権入金日、営業債務支払日、給与支給日、賞与支給日、借入金の返済日など、会社の資金の入出金の時期についても、把握しておきましょう。法人税企業概況説明書の「14 決算日等の状況」では、売上、仕入、外注費、給与の締切日及び決済日も記載することとされており、ここからも、入出金の時期がおおよそ把握できます。

また、資金繰りの状況について、日次ベースの預金残高の頂点と底を知っておく必要があります。会社が作成している日繰表のほか、総勘定元帳から日次ベースの現預金残高の推移表をエクセルで作成し、グラフ化することにより、日次ベース、月次ベースの預金残高の頂点や底が視覚的にわかるようになります。

(b) 受取手形・売掛金（未収入金）の内訳書

会社の売上は掛取引が原則であれば、売掛金（未収入金）の内訳書を数年程度見るだけで、取引先を把握することができます。特定の取引先の残高が多い場合には、実は回収が滞っており、回収可能性に疑義のあることもあり得ます。売掛金の滞留状況につき、毎期確認しておくことも重要です。

売掛金の期末評価においては、中小企業では、税法基準（法定繰入率）によって貸倒引当金を計上しているでしょう。財務デューディリジェンスにおいては、実質的な回収可能性に鑑み評価されます。

過去3期程度の貸倒損失の発生内容を確認し、その明細を明確に記録しておきましょう。財務デューディリジェンスにおいては、これらの貸倒損失の発生が特別な事象なのか、経常的な事象なのかが問題となります。

なお、上場会社等で適用される「収益認識に関する会計基準」では、値引き割戻し、貸倒れや買戻し等対価に変動する可能性のある要因については、変動対価として、当初の契約上の対価の額からこれらの対価を控除し収益認識することとされており、上場会社が買い手企業となった場合には、買収後の会計処理にも影響を与えます。貸倒実績があるか否かについては、買い手企業の重大な関心事といえます。

また、貸倒損失までは至らないものの、一定の事由が生じた取引先に対する債権については、別表十一（一）「個別評価金銭債権にかかる貸倒引当金の損金算入に関する明細書」で把握することができます。税法上は恣意的な損金算入を認めないため、50％評価としていますが、M&Aにおいては、回収可能性がないものとしてゼロ評価されるでしょう。

また、毎期、売掛金年齢表を作成し、滞留している債権を把握しておきましょう。滞留している債権は、回収可能性も検討しておく必要があります。場合によっては有税で引き当てることも検討します。これらの回収が遅延している債権は、期末時点の状況、回収の交渉の過程を文書化しておきましょう。

⒞　仮払金（前渡金）の内訳書

仮払金は、一時的に記帳処理しておくための勘定であり、決算では、本勘定に振り替えましょう。資産性のない仮払金については、財務デューディリジェンスではゼロ評価されます。また、オーナー役員の個人的な支出を仮払金処理している場合には役員報酬と認定され、役員報酬の損金不算入、源泉徴収漏れなどの税務上の問題に発展する場合もあります。仮払金の内訳にオーナー役員に対するものが含まれていないように、適正な処理をします。

⒟　貸付金及び受取利息の内訳書

貸付金は、期中の受取利息額や利率、貸付理由や担保の内容を常に明確にしておきましょう。特に、役員や関係会社に対する貸付金は、諸条件が他の第三者に対する貸付金より有利になっている場合も多く、将来の税務調査で、利息認定される可能性もあるため、両者間で契約を締結し、条件を明確にしておく必要があります。貸付金は、会社の資金を別の取引のために寸借していることになるため、貸付理由、借入金の資金使途がポイントになります。

役員に貸付けを行っている場合に、役員が個人的な資金として使っているか否か、回収することができるかが検討されることになるでしょう。

関係会社に対する貸付金がある場合には、関係会社の資金繰りの状況が気になります。関係会社の経営が立ち行かずどうにもならない場合には、関係会社との統合や、債権放棄を前提とした清算などを検討する必要があるかもしれません。

取引先に貸付金を行っている場合には、貸付理由が最も重要となります。関係維持のための保証金的性格の貸付金であればよいですが、実質支援目的で行っている場合には、相手先の資金繰りが厳しい場合が多く、相手先の財政状態を毎期把握し、将来回収することができるか否かを毎期調査しておく必要があります。

⒠　棚卸資産（商品又は製品、半製品、仕掛品、原材料、貯蔵品）の内訳書

棚卸資産については、評価方法を明確にしておきましょう。個別注記表に棚卸資産の評価方法を記載することとなっているものの、実際の評価方法と異なっている会社もよくみられます。財務デューディリジェンスでは、税務署へ

の届出書の提出が求められます（「棚卸資産の評価方法の届出書」「棚卸資産の特別な評価方法の承認申請書」）。これらの届出書を税務署に提出していなければ、評価方法は最終仕入原価法による原価法となります。もし、届出と異なる評価方法（届出書を提出していない場合には、法定の評価方法）を適用しているのであれば、同一なるよう評価方法の変更を行う必要があります。買い手企業が上場会社等であれば、最終仕入原価法の適用は原則として認められていませんので、他の評価方法に変更した場合の影響額も把握しておくのもよいでしょう。

上場会社等では、毎期、実地棚卸が求められています。会社が実地棚卸を行っている場合には、棚卸実地要領や実地棚卸の記録、棚卸差異の分析資料を日頃から整理しておきましょう。実際に使用した棚卸原票を廃棄してしまう会社もありますが、棚卸原票は実地棚卸を行った証憑となるものですから、一定期間保存しておく必要があります。

財務デューディリジェンスで求められるのが、棚卸資産の評価です。毎期、棚卸資産の年齢調べ表を作成し、滞留している在庫を把握しておきます。滞留在庫につき、販売可能性が低い、あるいは、販売価格を引き下げざなければ売れないと判断される在庫があれば、評価引下げの検討対象となります。

一定の要件（法人税基本通達9-1-4～9-1-6）を満たせば、税務上も棚卸資産の評価損を損金算入できますが、この評価損の損金計上を毎期検討しているかを確認します。たな卸資産の評価損を損金計上していない場合であってもこれらの対象となる在庫がどの程度あるかを決算で把握しましょう。

また、棚卸資産の廃棄が毎期継続的にあるいは断続的に行われているのであれば、その方法や手続、周期を把握しておく必要があります。これにより、本来は廃棄対象にすべき棚卸資産の額を推測特定できます。

中小企業では、棚卸資産が未整理で、内容不明なものまで棚卸資産として積み上がって計上されていることもよくあります。内容不明は印象が悪く、財務デューディリジェンス担当者の心象で不用意な評価減をされてしまうこともあります。定期的に棚卸資産の廃棄、評価損の処理を検討しておくことで、財務デューディリジェンスで不用意な評価減をされてしまうことを避けることができます。

(f) 有価証券の内訳書

財務デューディリジェンスでは、有価証券はすべて時価評価されます。上場有価証券は、毎期、時価評価したうえで、売却などの処分の検討をしましょう。関係会社株式も時価評価の対象です。関係会社株式は、毎期、相続税評価額を算定しておくのがよいでしょう。

「有価証券の一単位当たりの帳簿価額の算出方法の届出書」の税務署への提出の有無も確認しておきます。有価証券の評価方法は、移動平均法と総平均法が選択できます。税務署への届け出がない場合には、移動平均法による原価法が適用されます。ごくまれに総平均法の届出を出しておきながら、実際は移動平均法で評価を行っている会社もみられるため、注意をしておきましょう。

有価証券は、別表八「受取配当等の益金不算入に関する明細書」、別表八（一）付表、「所得税額の控除に関する明細書」別表六（一）付表　所得税額の控除に係る元本所有割合の計算等に関する明細書」の数値の整合性や計算の妥当性を確認しておきます。短期所有株式等があるのは、有価証券の売買を頻繁に行っていることの証左であり、会社の金融資産の運用方針、有価証券の投資の判断基準なども、把握しておきましょう。

(g) 固定資産（土地、土地の上に存する権利及び建物に限る）の内訳書

固定資産のうち、土地、土地の上に存する権利及び建物の内容をこの内訳書で確認することができます。

内訳書には、取得単位ごとに種類・構造、用途、面積、物件の所在地、期末現在高が記載されています。不動産登記簿謄本を入手し、取得単位ごとの地番と紐付けておくことは有用です。取得単位ごとに、面積を記入することによって、不動産の地番との紐付けができてない状況を避けることもできるため、面積を記載し、内訳書を整理してみましょう。

土地及び建物は、毎年、固定資産税納税通知書・課税明細書に基づき、固定資産評価額を把握し、別途、評価額の一覧を作成しておきましょう。不動産はすぐに売却しないことから、時価に無頓着な会社も多いですが、毎期、固定資産税評価額を把握することによって、将来の事業承継やM&Aの意思決定への

動機付けができるようになります。

また、土地・建物以外の固定資産については、時価を把握しにくいため、適正な償却計算後の帳簿価額を評価額とみなします。過去に、減価償却を止めた場合には、その時期及び理由を明確にしておきます。

(h) 手形・買掛金（未払金・未払費用）の内訳書

会社の仕入・外注の取引について掛取引が原則であれば、買掛金（未払金・未払費用）の内訳をみれば、仕入先や外注先の概要が把握できます。特定の取引先の残高が多い場合には、取引条件によるものか確認します。取引サイトのトラブルなどにより支払いを止めている場合、当社の資金繰りが厳しく支払いを止めている場合もあります。

なお、この内訳書には、未払配当金と未払役員賞与の支払確定年月日と期末現在高の記入欄があります。なぜ、未払が生じている場合には、その原因を把握します。なお、未払配当金と未払役員賞与につき、支払確定日から1年を経過した日までに支払いがない場合には、1年を経過した日に、支払いがあったものとみなして、所得税及び復興特別所得税を源泉徴収しなければなりません。これを失念していないかも毎期確認しておくことが肝要です。

(i) 仮受金（前受金・預り金）の内訳書

仮受金は、一時的に記帳処理しておくための勘定であり、決算においては、できる限り本勘定に振り替えておく必要があります。

前受金は、着手金や中間金だと思われますが、その支払条件を確認しておきます。収益計上すべきものが収益計上漏れとなっていないか、前受金にすべきところを収益計上してしまっていないかを調査しておくことも必要です。前者は税務上の過少申告、後者は会計上の粉飾決算に発展するおそれもあります。

源泉所得税預り金の内訳で注目すべきは、非居住者等に対する支払いに関する源泉所得税です。非居住者に対してロイヤリティー、フィー、コミッションを支払う際には原則として源泉徴収が必要となります。非居住者との取引の内容を把握しておく必要があります。租税条約による源泉徴収の減免措置を受けている場合には、「租税条約に関する届出書」の提出も確認しましょう。海外取引がある場合には、概要も把握しておきます。報酬の支払いに関する源泉所得税については、どのような士業と取引しているかも把握しておきましょう。

(j) 借入金及び支払利子の内訳書

役員、株主及び関係会社からの借入れがある場合は、会社の資金繰りが逼迫しているかもしれません。M&Aにより会社を売却した場合には、これらの借入金は返済されることになりますが、M&Aアドバイザーの成功報酬が受取額基準によっている場合には、返済額が報酬額に影響します。

また、金融機関などからの借入れは、返済予定、担保差入れの状況、利率など確認します。

外国法人や非居住者からの借入れは、外貨建てか円建てか、利率の決定方法、利子の支払方法を確認します。また、その利子の支払いについて、一般的に源泉徴収が必要となるため、適正な手続がされているかどうかを把握します。

(k) 売上高等の事業所別内訳書

売上高等の事業所別内訳書には、事業所別に事業の内容、売上高、期末棚卸高、期末従業員数、源泉所得税納付書が記載されています。拠点を複数有する法人はその概要を確認することができます。

売上高、仕入高、人件費、外注費の月次推移は、法人事業概況説明書「18 月別の売上高等」の状況にも記載されていいます。総勘定元帳を見なくても、1年間の売上の季節変動を把握することができます。

(e)棚卸資産の内訳書でも期末棚卸資産の内訳が把握できますが、この内訳書では、拠点ごとの棚卸資産の残高を把握できます。法人事業概況説明書「4 期末従業員等の状況」で従業員数が把握できますが、この内訳書では、拠点別の従業員数を知ることができます。

(l) 役員報酬手当等及び人件費の内訳書

この内訳書では、役員ごとに常勤・非常勤の状況、使用人を兼務しているかを把握することができます。申告時には、おざなりに作成せず、役職等も含め、明確に記入しておきましょう。また、定期同額給与、事前確定届出給与、その他の給与、使用人としての給与のいずれで、役員に対して報酬が支給されているかを把握することができます。

また、人件費の内訳として、役員報酬手当と、従業員の給与手当（販売部門及び管理部門の人件費)、賃金手当(原価部門の人件費)がそれぞれ把握できます。代表者とその家族分の人件費の額もわかるため、企業買収後のオーナー社長や親族の役員・従業員が退任した場合の人件費への減少額もある程度想定することができます。

⒨ 地代家賃等の内訳書・工業所有権等の使用料の内訳書

地代家賃の内訳は、それぞれ借地・借家ごとに、貸主、支払賃借料が把握できます。また、権利金等の期中支払額も把握できます。地代家賃は、敷金・保証金を差し入れていることも多く、これらの計上が適正に行われているかも確認します。工業所有権等の使用料を支払っている場合にも、この内訳書で金額を把握することができます。

⒩ 雑益・雑損失等の内訳書

営業外損益のうち雑益、雑損失となるものが把握できます。中小企業では、特別損益項目も営業外損益(雑益、雑損失)に計上されているものもあるため、これらの内容が経常的なものか非経常的なものなのかを把握しておきましょう。

⑵ 決算書に計上されていない会計処理等の適用の検討

中小企業では、そのほとんどが税法基準によって会計処理を行っています。買い手企業が上場会社等であれば、M&A後、会計監査に耐え得る会計処理を売り手企業にも適用しなければなりません。また、買い手企業が適用している会計基準に合わせた会計処理も求められます。財務デューディリジェンスでは、あるべき会計基準を適用した場合の影響額も株式評価の減額要因として把握されます。このため、上場会社であれば適用されるであろう会計処理を適用した場合の影響を把握しておく必要があるでしょう。

① 原価計算

原価と販売費及び一般管理費の区分があいまいなまま会計処理を行っているのは多くみられます。原価計算も大雑把に行っているのもよくみられます。まず、原価部門と販売管理部門ごとに、部門別損益を行うことにより、原価と販売費及び一般管理費の区分を明確にします。会社費についても、原価部門と販売管理部門に配分を行うのが望ましいでしょう。

製造業以外の会社であれば、原価計算を行っていない会社も多いでしょう。役務提供であっても、受注請負といった業務を行っている会社（例えばソフトウェア開発など）であれば、本来、プロジェクト原価計算といった個別原価計算を行う必要があります。直接費、間接費を区分し、直接費は個別に集計、間接費は配賦計算を行うといった会計上の集計の仕組みを構築することも長期的に検討すべき課題です。

②　リース取引

リース取引については、リース契約一覧表を作成し、中途解約可能か、解約不能かを把握します。オフバランスとなっている所有権移転外ファイナンスリース資産については、オンバランスを検討します。

③　デリバティブ取引

金利スワップ取引などのデリバティブ取引を行っている場合には、デリバティブ取引一覧表を作成し、オフバランスとなっていないかを把握します。

④　税効果

中小企業では、税効果会計を適用している会社はそれほど多くないでしょう。税効果会計を適用した場合の影響額も把握しておきましょう。特に、税務上の繰越欠損金がある会社においては、税務上の繰越欠損金に係る繰延税金資産の回収可能性の判断にあたり、将来の事業計画やタックスプランニングを検討することは、会社を売却するか否かにかかわらず、会社経営にとっても必要な検討事項です。

⑤　退職給付引当金

退職給付引当金は、税務上、有税引当となるため、計上していない会社も多いでしょう。会社の退職金規程を入手することにより退職金制度を把握し、少なくとも自己都合による退職金支給額を毎期計算し認識しておく必要があります。中小企業退職金共済制度（中退共）に加入しているのであれば、確定拠出制度に該当するため要拠出額の掛金を費用処理すれば足り、退職給付引当金の計上は必要ありません。また、退職金制度はないものの、実際に退職金を支払う慣行がある場合には、慣行に従って支払うであろう将来の退職金支給額を見積もっておきます。

⑥　その他の引当金

引当金は、税務上、有税引当となるため、計上していない会社が多いでしょう。会計上引当を検討すべき費用・損失には、債務保証損失、製品保証、売上割戻（ポイント引当金)、返品調整、受注損失があります。これらの費用・損失が本来は引当てが必要であるものの、実際に引当金計上していない場合には、過年度における実際発生額を毎期把握し、要引当額を計算しておきましょう。

売上割戻引当金（ポイント引当金)、返品調整引当金等は、「収益認識に関する会計基準」の適用にも影響するため、実際発生額の把握が重要です。

受注損失引当金は、受注単位別の損益の実績、受注残高、受注単位別の損益の予測を把握する体制づくりが必要です。

⑦　資産除去債務

中小会社では資産除去債務が計上されていません。資産除去債務とは、有形固定資産の取得によって生じ、有形固定資産の除去に関して法令または契約で要求される法律上の義務をいいます。建物等を賃借している場合には、退去時に原状回復義務が生じるため、この債務に対し資産除去債務が計上されます。アスベスト、PCB（ポリ塩化ビフェニル)、土壌汚染の除去、処理、調査の義務の発生が見込まれる場合も、その費用に対し資産除却債務を計上します。上場会社等がM&Aを行うにあたっては、資産除去債務も把握されます。

⑧　オフバランス項目

オフバランスとなっている項目がないかについて検討します。保証債務や保証類似行為、訴訟や損害賠償請求、苦情などが生じている場合には、その内容を見積もる必要があります。

⑨　関連当事者取引

関連当事者取引とは、株主、役員との取引をいいます。関連当事者取引は、独立した第三者価格で行われていないことも多いでしょう。関連当事者取引を把握し、取引金額、取引条件、勘定科目などを確認します。適正価格で取引を行った場合の損益への影響を把握しておきましょう。また、関連当事者取引の解消可能性やその方法についても事前に検討しておくのがよいでしょう。

第 11 章

M&Aにおける会社の値段

1　会社の価値

(1)　事業価値・企業価値・株主価値・株式価値の違い

M&Aにおける会社の譲渡価額はどのように決まるのでしょうか。譲渡価額の算定方法にはいろいろな方法がありますが、最終的には売り手と買い手の合意により、会社の譲渡価額が決まります。

まず、「価格」と「価値」とは違うことを理解しましょう。「価格」は、売り手と買い手の間で決定された値段であり、当事者間で取引として成立したものです。

一方、「価値」とは、評価対象会社から創出される経済的便益です。「価値」は、取得の目的、当事者の立場、経営権（支配権）の取得の有無によって変化します。いわゆる一物多価です。M&Aにおける株式の評価は、「価格」ではなく、「価値」によって決まります。

「価値」にも、さまざまな「価値」があり、M&Aにおける価値には、事業価値、企業価値、株主価値、株式価値があります。これらを混同すると、企業価値評価の議論がわからなくなりますので、まずは、ここを間違えないよう理解しましょう。

価値概念	内容
事業価値	事業から創出される価値
企業価値	事業価値＋非事業価値
株主価値	企業価値－他人資本
株式価値	株主価値のうち、特定の株主が保有する株式の価値

「株主価値」がいわゆる株価評価の対象となる株価です。株主価値を発行済株式総数で除し、対象株式数を乗じた額が「株式価値」です。「事業価値」が「株主価値」と同じという間違いをしないようにします。

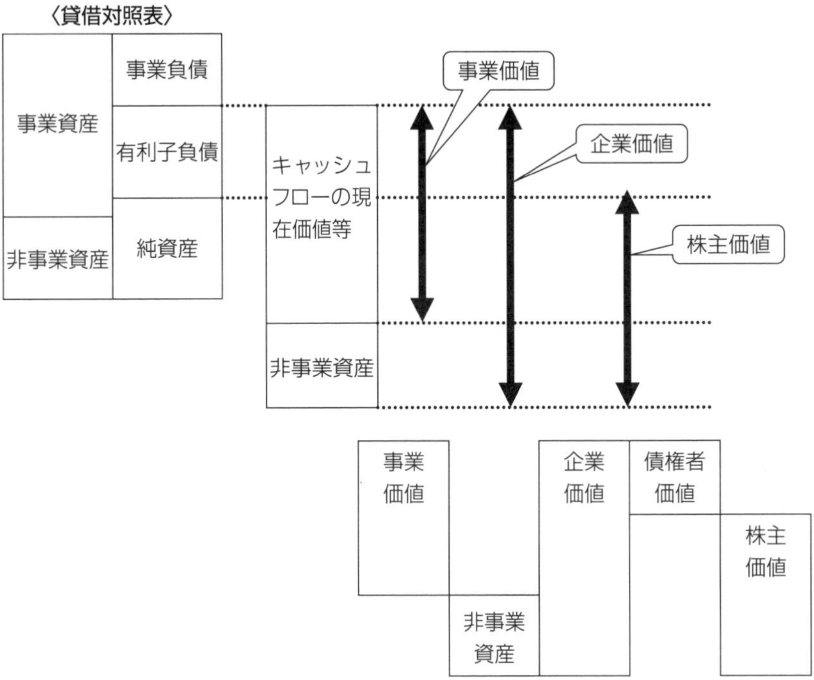

(2) 立場の違いによる株主価値

売り手、買い手の立場ごとに株主価値は異なります。立場ごとの株主価値の類型は、次の5つです。

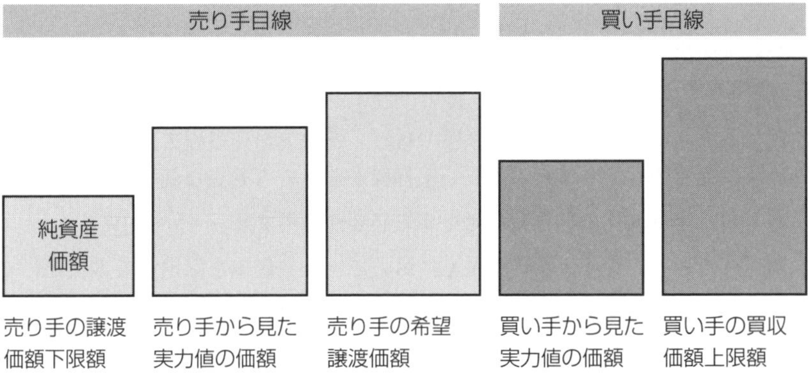

2 売り手の立場からの会社の価値

(1) 概要

売り手の売却価額下限額は、純資産価額です。

純資産価額は、過去企業が蓄積してきた剰余金の額です。売り手の立場からすれば、会社を売却するにあたって最低限手にしたい額であり、これより低ければ、会社を解散した方がよいでしょう。よって、純資産価額は売り手にとって、希望売却価額の最低額となります。

次に、売り手から見た会社の実績や計画の利益水準から見た適当な企業価値評価があります。これを「売り手から見た実力値の価額」と呼びましょう。中小企業のM&Aでは、株主価値を算定するにあたり、「時価純資産価額」に数年分の利益を加算する年倍法（年買法）や、EV/EVITDA倍率が多く採用されています。これらの評価方法は、売り手買い手ともに理解しやすいために多く利用されています。

「売り手から見た実力値の評価額」を基に、売り手企業の経営者との希望譲渡価額の目線合わせをする必要があります。会社の譲渡を成功させるためのポイントのひとつが、売り手企業の経営者との希望譲渡価額の目線合わせです。

M&Aアドバイザリー契約を締結したい思いで、現実的でない希望譲渡価額で売り手企業の経営者と妥結してしまうと、買い手候補先がほとんど見つからず、M&Aアドバイザリー業務が骨折り損のくたびれ儲けとなってしまうこともありえます。経営者が会社を譲渡したいと考えても、買い手企業が見つからなければ元も子もありません。買い手目線から見ても妥当な価格で、まずは経営者と希望譲渡価格の目線合わせをする必要があります。

前述した通り、中小企業のM&Aにおいて、株主価値を算定する方法として、一般的に使用されているのは、年倍法です。年倍法とは、会社の資産及び負債の時価純資産価額に数年分の利益を加算する方法です。

ほかにも、上場会社の株価を比準して株主価値を算定する類似会社比準法があります。類似会社比準法には、PER や EV/EBIT 倍率、EV/EBITDA 倍率などがありますが、中小企業の M&A については、EV/EBITDA 倍率を利用して算定することが多くみられます。

ここでは、年倍法（年買法）と EV/EBITDA 倍率を理解しておきましょう。

⑵　年倍法（年買法）

①　年倍法（年買法）の概要

年倍法（年買法）は、株主価値を時価純資産価額に、数年分の利益をのれんとして加算して算定するという計算方式です。

年倍法による株主価値＝時価純資産価額＋のれん（営業権）
　　　　　　　　　　＝時価純資産価額＋修正営業利益×年数（3～5 年）

年売法（年買法）が中小企業の M&A で採用されている理由は、理解がしやすく売り手買い手双方が納得しやすいからです。会社の資産と負債の価値と収益力を考慮した算定方法で、買い手にとっては、投資資本（買収価額）を何年間で回収できるかを計算しやすいという利点があります。

例えば、次のような会社の株主価値を算定してみましょう。

貸借対照表（時価評価後）

資産	10 億円	負債	6 億円
		純資産	4 億円

実態損益計算書

売上高	10 億円
売上原価	7 億円
売上総利益	3 億円
販売費及び一般管理費	2 億円
営業利益	1 億円

株式価値＝時価純資産額〔4 億円〕＋営業利益〔1 億円〕×3～5 年
　　　　＝7 億円～9 億円

②　時価純資産額

まずは、会社の時価純資産額を算定します。

会社の資産（土地、有価証券等）及び負債について、それぞれ時価評価します。法人税申告書別表五を閲覧し、税法上の帳簿価額と会計上の帳簿価額が異なっていないかを確認します。税務上の帳簿価額の方が時価に近ければ、税務上の帳簿価額を時価とします。

次のようなフォーマットを利用して、時価純資産額を算定します。

資産の部				負債の部			
科目	帳簿価額	時価評価	備考	科目	帳簿価額	時価評価	備考
現金預金	30,000	30,000		買掛金	10,000	10,000	
売掛金	10,000	10,000		未払金	10,000	10,000	
未収入金	10,000	10,000		借入金	20,000	20,000	
棚卸資産	10,000	8,000		退職給付引当金	—	10,000	
固定資産	30,000	40,000		未払残業代	—	5,000	
有価証券	1,000	2,000		引当金	—	5,000	
合計	91,000	100,000		合計	60,000	60,000	
時価純資産価額			40,000				
発行済株式数			100				
1 株当たり時価純資産価額			400				

各科目の時価評価における注意事項は、次の通りです。

⒜　営業債権（売掛金・受取手形・未収入金など）

営業債権は、回収不能見込額を控除して評価します。不渡手形、ジャンプ手形、回収不能債権があれば、ゼロ評価します。

長期滞留債権等は、債務者の財政状態や経営成績を考慮して、回収可能性を検討して、実態に合わせて評価しますが、一般的にはゼロ評価です。

⒝　棚卸資産

長期滞留在庫等は、販売可能価額まで引き下げて評価減します。販売中止となった製商品、季節製商品（ブーム商品）、赤字製商品は、実態に合わせて評価減しますが、一般的にはゼロ評価です。

(c) 固定資産

土地は、不動産鑑定評価によるべきですが、簡易的に算定するのであれば、固定資産税評価額を0.7で割り戻すか、路線価による評価額を0.8で割り戻して評価します。

土地以外の固定資産は、時価が不明確ですので、適正償却簿価、または、固定資産税評価額（償却資産税評価額）によって評価します。

遊休資産、廃棄予定資産を確認し、実態に合わせて評価減しますが、一般的にはゼロ評価です。

(d) 有価証券

上場株式は、市場価格で時価評価します。

非上場株式の評価は、財務諸表を入手し投資先の財政状態及び経営成績により評価します。M&Aをするにあたって、売り手オーナーがこの非上場株式を買い取るのか、M&Aとともにこの非上場株式も譲り受けるかも検討事項のひとつです。

(e) 保険料

保険積立金、長期前払費用のうち保険金に関するものは、解約返戻金相当額で評価します。全損タイプの保険料も、解約返戻金がありますので、こちらも解約返戻金相当額で評価します。評価額は、契約している生命保険会社の担当者、コールセンター、取扱代理店などに照会します。保険に含み益がある場合には、それに対する法人税相当額を控除します。

(f) 営業債務（買掛金・支払手形・未払金など）

長期にわたり支払いが行われていない債務は、その内容を確認しましょう。また、認識されていない営業債務がないか確認します。

(g) 退職給付引当金、役員退職慰労引当金

退職金規程がある、あるいは、退職金規程はないものの実質的に退職金を支払っている場合には、現時点で在職する職員に対して支払うべき退職金相当額（自己都合要支給額）を負債として認識します。もちろん、中小企業退職金共済制度（中退金）に加入しているのであれば、退職給付引当金の計上は必要ありません。オーナー社長以外の役員に対する役員退職慰労引当金も同様です。

(h) 税効果（繰延税金資産・繰延税金負債）

中小企業のほとんどは税効果会計を適用していません。

繰延税金資産・繰延税金負債は、株主が変わることによって適用する税率が異なりますし、繰越欠損金が承継されないこともあるため、どのように評価するかは、買い手企業の検討事項です。

(i) 未払残業代

実際従業員に残業させているにもかかわらず残業代を支払っていない場合には、未払残業代を負債として認識します。残業代請求の時効は2年（2020年4月以降は3年）ですから、2年間（3年間）相当の未払残業代を算定します。

(j) その他引当金

赤字工事や赤字プロジェクトがある場合には、受注損失引当金の計上も検討します。製品（サービス）保証がある場合には、製品保証引当金の計上も検討します。

売上割戻、返品、工事補償がある場合、修繕の予定がある場合、債務保証、損害補償があり、発生の可能性が高い場合、リストラを予定している場合、顧客にポイントの付与がある場合にも、同様の引当金の計上を検討します。

③ のれんの額

のれん（営業権）は、「利益×年数」で算定します。

(a) 年間利益

採用する利益には、税引後利益、営業利益、経常利益などがあります。また、採用する利益は、過去実績を使用する場合と、将来計画を使用する場合があります。

一般的には、過去3年間の営業利益平均額が使用されます。

年間利益を使用するにあたっては、損益を本来の損益（実力損益）に修正します（第10章 3 参照）。

(b) 年数

年数は、おおむね3～5年が使用されています。年数に理論的裏づけや根拠はありません。この点が年倍法の弱みですが、他の評価方法（EV/EBITDA倍率など）と比較しながら、最終的な年数を決定します。

(3) EV/EBITDA 倍率

EV/EBITDA 倍率は、類似会社比準法のひとつの評価方法です。類似会社比準法は、類似する上場会社の評価を比準して、対象会社の価値を算定するものです。EV/EBITDA 倍率は、類似する上場会社の EV と EBITDA を利用して、自社の企業価値を算定します。

> EV/EBITDA 倍率法による株主価値＝EBITDA×〔EV/EBITDA〕－有利子負債＋非事業資産
>
> EV＝株式時価総額＋有利子負債－非事業資産
> （※）〔EV/EBITDA〕は、類似する上場会社の数値を利用する。

EV とは、Enterprise Value の略であり、事業価値のことです。一般的には、「EV＝株式時価総額（株価×発行済株式数）＋有利子負債－非事業資産」で計算します。いいかえれば、株式市場から見た事業価値です。

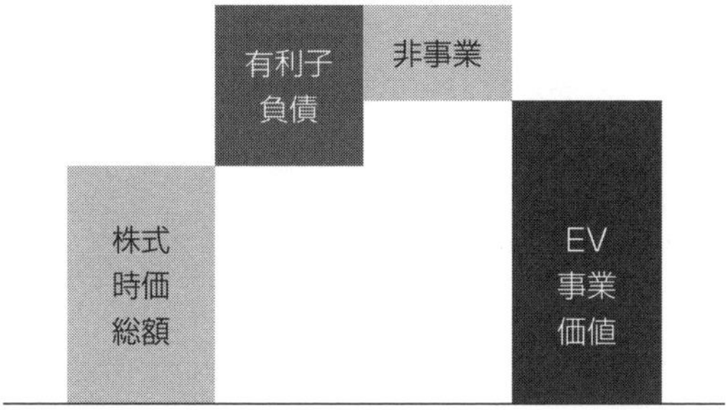

一方、EBITDA は、一般的に、営業利益に減価償却費を足し戻して、EBITDA を算出します（53 頁）。

EV/EBITDA 倍率の市場平均は、7～8 倍といわれています（業種によって異なります）。中小企業の M&A においては、4～12 倍と倍率はばらついている印象です。

ほかにも EBITDA の変わりに売上高や営業利益 EBIT を指標として使用して事業価値を算定することもあります。

EV/EBITDA 倍率による算定シートの例を下記に示します。

会社名	A 社	B 社	C 社	D 社	E 社	対象会社
株式時価総額	100	150	100	200	250	
有利子負債	50	50	100	100	200	10
非事業資産	20	20	50	20	100	5
EV ①	130	180	150	280	250	
売上高	100	150	200	300	150	50
営業利益	10	15	20	30	15	5
減価償却費	5	5	5	10	5	5
EBITDA ②	15	20	25	40	20	10
EV/EBITDA（①/②）	8.6	9.0	6.0	7.0	12.5	

	EBITDA ①	EV/EBITDA ②			事業価値 ③=①×②			有利子負債 ④	非事業資産 ⑤	株主価値 ⑥=③−④+⑤		
		最小	最大	平均	最小	最大	平均			最小	最大	平均
対象会社	10	6.0	12.5	8.6	60	125	86	10	5	55	120	81

EV/EBITDA 倍率の算定に使用される指標は上場会社の同業他社です。

類似会社は、通常 3〜10 社程度を選定します。類似会社を選定するにあたっては、次の要素を考慮します。

選定要素	内　　容
類似業種、類事業品	同じ業界団体、同種の産業分野に属しているか
事業の成熟度	商品、製品、サービスにおいて算入障壁が高いか
地域性	エリアの特性を生かした事業の場合、同条件の経済環境にあるか
事業規模	売上高や総資産、従業員数などで事業規模が同程度であるか
事業戦略	M&A を多用するなどの事業拡大戦略が似通っているか
収益性・成長率等	付加価値や市場規模における成長性が類似しているか

株式情報サイト（例えばクイックマネーワールド（moneyworld.jp）やみんなの株式（minkabu.jp）など）の個別株式銘柄検索で、株テーマや業種分類を使って類似会社を抽出し、特定していくのもよいでしょう。

3 買い手の立場からの会社の価値

(1) 買い手の立場からのM&Aの場面による価値評価

買い手にとって、M&Aにおける企業価値評価には、大きく分けて次の3つの場面があるでしょう。

① 意思決定のための価値評価

意思決定のための株主価値評価は、基本合意締結前までに実施する株主価値評価です。売り案件が持ち込まれたとき、売り手の希望売却価額に応じるかどうかの株主価値評価であり、案件が持ち込まれたときは、M&Aアドバイザーから提示された限られた情報の中で判断しなければなりません。

② 価格交渉のための価値評価

基本合意後、デューディリジェンスなどが実施され、最終契約書締結時までの間の売り手との価格や条件交渉のための、株主価値評価です。

株主価値評価で検出された事項を織り込んで、売り手と買収価額交渉をします。

③ 説明責任のための価値評価

買い手が上場会社である場合、M&Aの売収価額について、投資家、株主、役員、会計監査人、金融機関などに対する説明責任があります。この説明責任を果たすため、公認会計士や監査法人、株価算定業者などの専門家が行う価値評価業務が行われます。

(2) 意思決定のための価値評価

まずは、意思決定のための価値評価を行うにあたって、具体的にどのよう考えるべきでしょうか。

買い手目線から見て妥当な買収価額とはどのような価格でしょうか。

買い手目線としては、まずは、「買い手から見た実力値の価額」を算定します。「買い手から見た実力値の価額」とは、買い手の立場から見た、対象会社の実力値に基づく企業評価です。対象会社の実力値の計算は、「時価純資産」に数年分の利益を加算する年倍法（年買法）により、買い手から見た時価純資産額及び買い手から見た修正営業利益により、対象会社を評価します。M&Aアドバイザーが評価した年倍法（年買法）による評価を鵜呑みにせず、買い手からの厳しい目で修正して評価します。

もちろん、買い手は、売り手企業を安く買えるのであれば買えるに越したこありません。したがって、ここで算定した「買い手から見た実力値の価額」は、一般的には、売り手の希望譲渡価格よりも低くなるでしょう。

「買い手から見た実力値の価額」と売り手の希望譲渡価額とのかい離が大きい場合、または、他に買い手候補者がおり入札方式による場合に、どこまで買収価額を引き上げることができるでしょうか。それを検討するのが、「買い手の買収価額上限額」の検討です。「買い手の買収価額の上限額」を超える価額であれば、勇気をもった撤退をすべきです。

では、「買い手の買収価額の上限額」はどのように算定すべきかということになります。

①　年倍法（年買法）の修正と相乗効果

「買い手から見た実力値の価額」に、買い手の経営を統合した時に、費用削減効果、費用増大要因、プラスの相乗効果、マイナスの相乗効果を加減算することにより算定します。

この費用削減要因、費用増大要因、相乗効果を数値化することにより、最終的な「買い手の買収価額の上限額」が算定できます。

修正営業利益に、プラスの相乗効果による収益・利益を加算し、マイナスの相乗効果による費用・損失を減算して、買収後の対象会社の事業計画を作成します。1年分を作成したら、それを3〜5年分引き直します。

会社を譲り受けた後の相乗効果について、実際にどのくらいの利益を得ることができそうかを数値に落とし込んで、検討する必要があります。なお、相乗効果には、次のようなものがあります。

区分	相乗効果（プラス）	相乗効果（マイナス）
販売	・顧客の獲得 ・新規分野・地域進出 ・製商品・サービスの獲得 ・市場価格支配力の向上 ・ブランドの獲得	・顧客の流出 ・顧客の占有率が高くなりすぎ、発注減少
費用	・共通化による調達・製造・物量費用の削減 ・リストラによる管理費用の削減 ・拠点の統廃合による費用削減 ・採用費用不要での人材獲得	・システム統合による費用増大、管理費用の増大 ・重複機能による費用増大 ・給与テーブルの統一による人件費増大
財務	・規模拡大による信用力増大 ・調達費用低下 ・重複設備の投資圧縮	・買収資金の借入調達による金利負担
その他	・人材の確保 ・ノウハウの確保 ・従業員意欲の向上	・人材の流出 ・組織文化融合費用 ・従業員の意欲低下

プラスの相乗効果の収益・利益及びマイナスの相乗効果の費用・損失を加減算するにあたって、下記の要素を織り込みます。

要素	検討項目
①　売上高の増減	統合による販売の相乗効果（＋） リストラによる減少（－） 顧客における集中度の分散による減少（－）
②　費用の増減	統合による費用の相乗効果（＋） リストラによる減少（－） リストラ費用の増加（＋）
③　人件費の増減	統合による費用の相乗効果（＋） リストラによる減少（＋） リストラ費用の増加（－） M&A 後の対象会社の従業員・役員の処遇（±）
④　統合による追加・削減コスト	統合による費用の相乗効果（＋） 統合による追加投資（－）

② 投資の回収

買い手は、売り手から対象会社を取得した後、対象会社から得られる収益により、数年かけて、買収価額を回収していかなければなりません。

投資の回収の方法としては、対象会社から獲得する利益、キャッシュによる回収、買い手企業の時価総額の上昇という方法があります。中小企業が買い手企業となる場合には、対象会社から獲得する利益、キャッシュで回収していかなければ、買い手企業の経営が行き詰ってしまいます。一方、上場会社においては、利益やキャッシュで回収できなくても、時価総額の上昇で回収ができる場合もあります。この点を理解する必要があるでしょう。

年倍法（年買法）や、EV/EVITDA倍率を採用するにあたって、次のような観点から、回収可能性を勘案します。

⒜ キャッシュフローを意識する

年倍法は原則として、「営業利益」を使用しますが、「キャッシュ予想増分」を利用するという考え方もあります。これは、買収後、キャッシュフローで回収できる価額を買収価額とするという考え方です。営業利益に代えて、「〔予想営業利益×（1－税率）＋減価償却費－追加投資額〕－取得費用」によって計算します。つまり、時価純資産に買収後のキャッシュの予想増分の額を足して、買収価額を算定するというものです。

具体的には、数年間の予想営業利益を税引後の営業利益に修正し、これに非支出項目である減価償却費を足し戻し、支出項目である追加投資額を控除します。さらに、M&Aにおける取得費用（アドバイザリー報酬、デューディリジェンス費用など）も控除します。

⒝ 会計上ののれんの償却期間を意識する

年倍法（年買法）は原則として、「営業利益」の3～5倍といった倍数を使用します。この倍数について、のれんの償却期間を使用する場合もあります。

実際に買い手の立場に立てば、買収後、買収金額を売り手企業の利益で回収することが念頭にあります。そこで、買い手の会計上ののれんの償却期間内で、のれんを償却できる価額を買収価額とするという考え方もあります。

また、上場会社等においては、連結財務諸表を作成しています。連結財務諸表において、新規に子会社を取得したときには、新規子会社の純資産額と買収価額との差額が、連結会計上ののれんとして把握されます。日本の会計基準では、のれんは20年以内の期間で償却とされており、実際には、5年あるいは10年で償却している企業が多いようです。もちろん20年で償却している企業もあります。営業利益にこののれんの償却期間を乗じてのれんの額を算定すれば、少なくとも会計上の償却期間でのれんが回収できるという買い手の立場に立った考え方です。なお、IFRS基準では、のれんは非償却、毎期減損テストを実施という会計処理です。

(c) 非上場会社が買い手の場合市場株価は上がらない

上場会社が会社の買収を行えば、その会社の利益分は、連結財務諸表上の利益が上がることから、EV/EBITDA倍率による算定は、結果として、上場会社の時価総額（株式価値）が上がることを前提とした評価方法だといえます。

非上場会社が会社を買収したとしても、上場していませんので、市場における、時価総額は上がるわけではありません。非上場会社がEV/EBITDA倍率を利用して買収価額を決定するのは、比較的割高となってしまうこともあるでしょう。

中小企業のM&Aでは、年倍法（年買法）を中心に株式を評価し、EV/EBITDA倍率の利用は補足的にとどめるべきでしょう。

(3) 価格交渉のための価値評価

次に、価格交渉のためのバリュエーションの考え方です。

売り手との基本合意後、決算書や、経営分析資料などより詳細な資料を入手することができます。これらの資料に基づいて、価値評価をし直します。

買い手の実態損益計算書及び実態貸借対照表について、詳細な資料から再考します。また、別途デューディリシェンスが行われることから、ここで検出された事項で企業評価に影響するものについて、価格交渉の材料にします。例えば、未払残業代、未消化有給休暇、不良債権、滞留在庫、退職給付引当金相当額などは、交渉材料となり得ます。

4　説明責任のための価値評価

公認会計士や税理士は、M&Aのプロセスにおいて、株価算定の依頼を受けることがあります。特に、買い手が上場会社である場合には、取締役会や監査法人への説明のために株価算定が求められます。

これが、まさに、説明責任のための価値評価です。

上場会社は、M&Aについて、取得価額が妥当であったか、資産及び負債の連結上の受入時価は妥当であったか、連結財務諸表上ののれんの額（負ののれんの額）は妥当であったかなどの説明責任があります。これらが妥当でない場合には、役員への株主代表訴訟に発展することもあります。

株価算定の依頼があった場合には、税理士としてどのように対応すればよいでしょうか。

税務における株価評価には、相続税法上の計算として、類似業種比準価額方式、純資産価額方式、配当還元法方式があります。M&Aでは、これらの算定方式が利用されることはほとんどありません。また、株価算定書に、年倍法（年買法）が採用されることはありません。年倍法（年買法）などを使って実際との買収価額は算定されますが、外部の専門家を使ってこの売収価額が妥当であったかどうかを確認するための手続として、株価算定を行うと理解した方がよいでしょう。

日本公認会計士協会 経営研究調査会研究報告第32号『企業価値評価ガイドライン』（平成25年7月3日最終改正）にしたがって株価評価行うのがよいでしょう。

ここでは、株価評価の考え方を簡単に押さえておきましょう。

株価評価には、インカムアプローチ、マーケットアプローチ、ネットアセットアプローチの3つがあります。

上場会社が買い手の売り手企業の株価算定は、乱暴にいえば、マーケットアプローチであるマルチプル法（倍率法）を用いて算定し、インカムアプローチのDCF法で補完します。さらに、時価純資産法により、実際の買収価額との差額を検討することにより、PPA（のれんの配分）手続の準備を行います。

アプローチ法	概要	主な評価方法
①　インカム・アプローチ	評価対象会社から期待される利益、キャッシュフローに基づいて価値を評価する方法	・DCF法 ・配当還元法
②　マーケット・アプローチ	上場している同業他社や類似取引事例など、類似する会社、取引事例と比較することによって相対的な価値を評価する方法。	・類似業種比準法 ・取引事例法 ・マルチプル法（類似会社比較法）
③　ネットアセット・アプローチ	評価対象会社の貸借対照表記載の純資産に着目して価値を評価する方法。	・簿価純資産法 ・修正簿価純資産法 ・時価純資産法
④　①③の折衷法	利益、キャッシュフローと純資産の双方に着目して価値を評価する方法。	・年倍法（年買法）

上記の評価方法のうち、もっとも適当な評価方法を採用して株式価値評価を行いますが、総合評価にあたっては、次のような方法があります。

総合評価の方法	内　容
単独法	特定の評価法を単独で適用して、価値評価を行う方法
併用法	複数の評価方法を適用し、算出された評価結果の重複等を考慮して、一定の幅をもって評価結果を導く方法
折衷法	複数の評価方法を適用し、一定の折衷割合を適用して、加重平均値から評価結果を導く方法

5 マルチプル方式（類似会社比較法）

(1) マルチプル方式

マルチプルとは、日本語でいえば「倍率」です。株価算定におけるマルチプル方式とは、上場会社の特定の財務指標と企業価値との倍率を使って、評価対象会社の企業価値を算定する方法をいいます。マルチプル法は比較的簡単に算定できることから、よく利用されます。また、上場会社が買い手企業であれば、売り手企業を取得した場合の市場の評価、時価総額への影響をも考慮し得る算定方法ともいえるでしょう。

マルチプル法には、さまざまなものがあります。純資産倍率（PBR）、株価収益率（PER）、EV/EBITDA 倍率が代表的です。キャッシュフローを考慮した企業価値を算定できることから、EV/EBITDA 倍率がよく使われています。

評価対象会社と類似した上場会社を 3〜10 社程度選定し、その会社の株価及び財務指標を利用して倍率を算定します。その倍率を売り手企業に乗じて売り手企業の企業価値を算定します。

株主評価に対する倍率か、企業価値評価に対する倍率かに注意しましょう。

区分	指標	概要
株主評価倍率	純資産倍率（PBR）	・PBR＝株式時価総額/純資産 ・株主価値＝対象会社の純資産×PBR
	株価収益率（PER）	・PER＝株式時価総額/当期純利益 ・株主価値＝対象会社の当期純利益×PER
企業価値評価倍率	EV/EBITDA 倍率	・EV＝株式時価総額＋（有利子負債－非事業資産） ・EBITDA＝営業利益＋減価償却費 ・EV/EBITDA 倍率＝EV／EBITDA ・株主価値＝対象会社の EBITDA×EBITDA 倍率－（対象会社の有利子負債－対象会社の非事業資産）

(2) PBR

PBRとは、株価純資産倍率です。対象会社の類似した標本会社の株式時価総額（株価×発行済株式数）を標本会社純資産で除してPBRを算定します。対象会社の純資産の額にPBRを乗じて対象会社の株主価値を算定します。

(3) PER

PERとは、株価収益率です。対象会社の類似した標本会社の株式時価総額を標本会社当期純利益で除してPERを算定します。対象会社の当期純利益にPERを乗じて対象会社の株主価値を算定します。

(4) EV/EBITDA倍率

EV/EBITDA倍率は、事業価値（EV）をキャッシュフロー利益（EBITDA）で除して算出した倍率です。対象会社の類似した標本会社のEV/EBITDAを算定し、対象会社のEBITDAにその倍率を乗じて企業価値を算定し、有利子負債、非事業資産、現金を加減算して株主価値を算定します（165頁参照）。

なお、セクター別のEV/EBITDA倍率は、次の通りです。

セクター	EV/EBITDA倍率（2019/12）
医療・ヘルスケア	16.6
消費財・小売	12.1
IT・インターネット	11.9
素材・資本財	10.2
自動車・耐久消費財	8.2
IT・インターネット	7.6

出典：KPMG「Market Check!：セクター別EV/EBITDA倍率トレンド」（2020/02/25）

6 DCF法

(1) DCF法の定義

DCF法は、ディスカウンティッドキャッシュフロー法の略です。将来稼得すると予想されるキャッシュフローを現在価値に割り引いた額をもとに企業価値を算定する方法です。実際の買収価額を算定する際に使われることは少ないですが、外部専門家による株価算定では、DCF法による株価評価が使われています。いわば、後付けで買収価額の評価を担保するために使われます。

(2) DCF法の算定の手順

DCF法は具体的にどのような手順によって算定するかをみてみましょう。DCF法は、まず、将来予想されるキャッシュフローから事業価値を算定します。事業価値に非事業資産を加算して企業価値を算定し、企業価値から有利子負債を控除して株主価値を算定します。

DCF法による株主価値＝

$$\frac{FCF_1}{1+r}+\frac{FCF_2}{(1+r)^2}+\cdots+\frac{FCF_n}{(1+r)^n}+\frac{TV}{(1+r)^n}+\text{非事業資産}-\text{有利子負債}$$

FCF：フリーキャッシュフロー　　r：割引率

TV：残存価値　n：年数

① 事業価値の算定

まずは、事業価値を算定します。事業価値は、予想期間のフリーキャッシュフローの現在価値と残存価値の合計で算出します。

⒜ 中長期事業計画・投資計画・計画貸借対照表

将来予想されるキャッシュフローが事業価値算定のキーとなります。将来の収益見通し、ひいては、中長期の事業計画の信頼性が重要です。具体的には、3～5年の中長期事業計画及び投資計画、さらに、これらの事業計画から誘導的に作成された計画貸借対照表が必要です。

【事業計画】

	N+1年	N+2年	N+3年	N+4年	N+5年
売上高	9,600	10,200	10,800	11,400	12,000
売上原価	5,000	5,500	6,000	6,500	7,000
減価償却費	1,100	1,200	1,300	1,400	1,500
その他経費	2,000	2,000	2,000	2,000	2,000
営業利益	1,500	1,500	1,500	1,500	1,500
法人税	△600	△600	△600	△600	△600
税引後利益	900	900	900	900	900

【DCF法による事業価値評価】

	N+1年	N+2年	N+3年	N+4年	N+5年
営業利益	1,500	1,500	1,500	1,500	1,500
法人税　　　(−)	△600	△600	△600	△600	△600
減価償却費　(+)	1,100	1,200	1,300	1,400	1,000
運転資本の増減(−)	100	100	100	100	0
設備投資額　(+)	1,000	1,000	1,000	1,000	1,000
FCF	900	1,200	1,100	1,400	900
残存価値					15,030
現在価値	847	1,064	918	1,101	11,126
事業価値　合計	15,056				
非事業資産　(+)	2,000				
有利子負債　(−)	3,000				
株主価値	14,056				

(b) フリーキャッシュフローの算定

DCF法で使用されるキャッシュフローは、フリーキャッシュフロー（FCF）

です。FCFは下記により算定します。3〜5年の中長期事業計画及び投資計画、計画貸借対照表から誘導的に算出します。

FCF＝営業利益×（1－法人税率）＋減価償却費－運転資本の増減－設備投資額

運転資本の増減は、計画貸借対照表から算出します。運転資本は、次の算式で算定します。計画貸借対照表がなければ、実績の売上高回転率（売上高／運転資本）を使って、運転資本を算出し、その増減額を算出します。

運転資本＝（売上債権＋棚卸資産＋その他流動資産）－（仕入債務－その他流動負債）

(c) 残存価値の算定

各年度のFCFを把握できたら、次は、残存価値の算定です。DCF法は、事業計画を基に将来のキャッシュフローを見積もりますが、事業計画の計画期間以降の将来のキャッシュフローも見積もる必要があります。これが、残存価値です。計画期間以降の将来のキャッシュフローをすべて見積もることはできませんので、計画期間の最終事業年度（本事例ではN＋5年）のFCFを利用して、残存価値を算定します。

最終事業年度のFCFは、一定の永久成長率で伸びていくと仮定します。

具体的には、残存価値は、下記の算式で算定します。

残存価値（TV）＝最終年度のFCF×（1＋永久成長率）÷（割引率－継続成長率）

割引率＝6.2%、継続成長率0.2%とすると、本事例における残存価値は15,030千円となります。割引率の算定方法については、後述します。

本事例では「900×（1＋0.2%）÷（6.2%－0.2%）＝15,030」となります。

(d) 各年度のFCFと残存価値の現在価値への割引

最後に各年度のFCFと残存価値を現在価値に割り引きます。割引率の算定方法については、後述します。

$$事業価値=\frac{FCF_1}{1+r}+\frac{FCF_2}{(1+r)^2}+\cdots+\frac{FCF_n}{(1+r)^n}+\frac{TV}{(1+r)^n}$$

r：割引率　　n：年数

(e) 事業価値の算定

各年度のFCFと残存価値の現在価値を合計します。本事例では、「847＋1,064＋918＋1,101＋11,126＝15,056千円」となります。

② 企業価値の算定

①で、事業価値を算定しました。これに非事業資産を加算することによって、企業価値を算定します。非事業資産は、余剰資金、有価証券、遊休資産が該当します。余剰資金は保有現預金から手元必要資金を控除して算出します。

本事例における企業価値は、「15,056＋2,000＝17,056千円」となります。

③ 株主価値の算定

最後に、株主価値を算定します。株主価値は、企業価値から有利子負債を控除することによって算定します。有利子負債は、借入金や社債が該当します。

本事例における株主価値は、「17,056－3,000＝14,056千円」となります。

(3) 割引率

DCF法においては、将来のキャッシュフローを現在価値に割り引いて事業価値を算定します。現在価値に割引きをするにあたって、割引率を使用します。このため、割引率が事業価値の算定に大きく影響します。

割引率は、一般的に、加重平均資本コスト（WACC）を使用します。加重平均資本コストとは、有利子負債コストと株主資本コストを有利子負債と株主資本の割合で加重平均して算定した割引率です。

加重平均コストは下記の算式で算定します。

$$\text{WACC}=\text{Rf}\times(1-t)\times\frac{D}{D+E}+\text{Re}\times\frac{E}{D+E}$$

Rf：有利子負債コスト　Re：株主資本コスト
D：有利子負債　E：株主資本　　t：実効税率

①　有利子負債コスト（Rf）

有利子負債コスト（Rf）は、有利子負債利子率（支払利息÷有利子負債残高）などで算定します。

②　株主資本コスト（Re）

株主資本（Re）は、資本資産評価モデル（CAPM）によって算出します。株主がどのくらいのリターンを期待するかという理論値であり、下記の算式で算定します。

$$\text{Re}=\text{Rf}+\beta\times(\text{Rm}-\text{Rf})$$

Re：株主資本コスト
Rf：リスクフリーレート　Rm：株式市場全体の期待収益率
Rm－Rf：マーケットリスクプレミアム　β：株式の市場感応度

(a)　リスクフリーレート（Rf）

リスクフリーレートは、リスクがない債券利回りであり、一般的には10年物国債の利回りなどを使用します。具体的には、財務省が公表している国際金利情報等を利用します。

(b)　株式市場全体の期待収益率（Rm）

株価市場全体の期待収益率は、過去数年のTOPIXの平均利回りなどを基礎として、東京証券取引所の統計情報により、株価平均、株式平均利回りのデータにより、TOPIXの株式の値上がりと平均配当率などを考慮して算定します。

(c)　マーケットリスクプレミアム（Rm－Rf）

Em－Rfは、(a)リスクフリーレートを上回る(b)株式市場全体の期待収益率であり、マーケットリスクプレミアムといいます。

1953年から2010年までのヒスリカルデータによると、マーケットリスクプレミアムは6.5%です。

(d) ベータ（β）

βは、株式の市場感応度であり、対象の株価の変化と株式市場全体の変化の相関度です。上場会社の各社のベータ値はReutersなどのインターネットサイトなどでも把握できます。非上場会社のβは、上場会社の類似会社のベータ値や類似業種のベータ値を参考にして算出します。

$$\beta_x=\beta^*\left(1+(1-\tau_x)\frac{D_x}{E_x}\right)$$

β_x：求めたい非上場会社のベータ　　β^*：上場類似の無負債データ

τ：限界税率　　D：負債価値　　E：株主資本価値

株式会社プルータス・コンサルティングでは、企業価値評価用データ配信サービスValueProで、全企業β、アンレバードβ、株式リスクプレミアム、サイズプレミアムを公表しています。また、イボットソン・アソシエイツ・ジャパンでも、日本のエクイティ・リスク・プレミアム、日本の業種ベータ＆DEレシオ、日本のサイズプレミアムを公表しています。

マーケットリスクプレミアムはイボットソンが提供するデータを、ベータ（β）はプルータスが提供するデータを利用することが多くみられます。

(4) DCF法の欠点

DCF法は、①将来計画（将来予想FCF）の正確な予測が難しい、②割引率により結果が大きく変動するという欠点があります。特に設立後間もない会社で過去の実績がない場合や、従来の市場にない新規事業の場合には、将来予測が困難です。

したがって、将来計画（将来予想FCF）の作成責任は誰にあるのか、永久成長率、継続成長率はどのように設定するのか、割引率についても各種公表数値をきちんと使っているかなどを充分に確認する必要があります。

DCF法は、計算方法がいささか専門的ですので、株式評価専門会社や株式評価を得意とする公認会計士に株価を依頼することが肝要です。

7　株式価値算定書のサンプル

株式価値算定書の作成にあたっては、日本公認会計士協会経営研究調査会報告第32号「企業価値評価ガイドライン」が参考になります。株式価値算定書の具体的なひな形は次の通りです。

株式会社○○御中

株式会社××
株式価値算定書

××公認会計士事務所

1．算定結果サマリー

株式会社××××（以下「対象会社」という。）の1株当たり株式価値の算定結果は以下の通りです。

（単位：円）

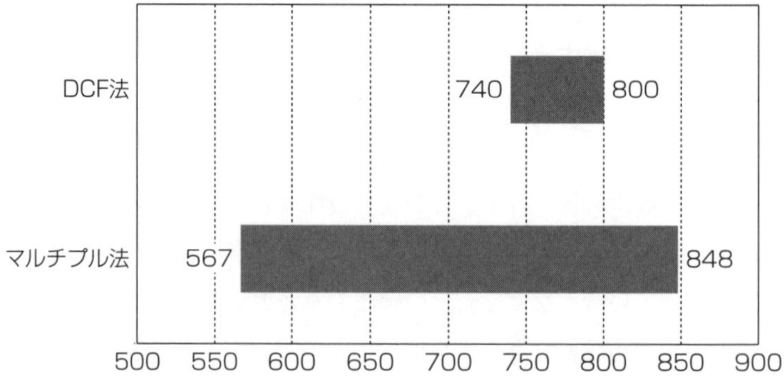

2．株式価値算定の前提条件

⑴　株式価値算定の目的

本算定書は、貴社の依頼に基づき、貴社取締役会が対象会社の株式の取得に際しての買収価格の検討資料として利用されることのみを目的として作成、提出されるものであり、その他のいかなる目的のためにも使用されることを意図しておりません。したがって、本算定書が他の目的で使用されることに起因または関連して生じる一切の責任を負うものではありません。また、本算定書は、対象会社の株式の買収価格の適正性または妥当性についての意見を表明するものではありません。

本算定書により、弊事務所は、対象会社の株主に対して、株式の譲渡及び譲受け、その他の関連する事項について何らの推奨、勧誘を行うものではなく、また、対象会社の株主が本算定書に依拠することを想定したものではありません。

⑵　株式価値算定基準日

本算定書における算定基準日は2020年×月×日とします。なお、財務数値等については入手可能な数値に基づいて算定を行っております。

⑶　使用した会社資料等

弊事務所は、対象会社より提供された利益計画及び投資計画が、評価基準日時点における最善の予測と判断に基づき合理的に作成されたことを前提としており、当該事業計画の妥当性及び実現可能性について保証するものではありません。

弊事務所は、本算定書において使用したその他の資料及び情報がすべて正確かつ完全なものであることを前提としており、独自にその正確性及び完全性についての検証は行っておらず、またその義務を負うものではありません。

弊事務所は、対象会社の資産または負債について、一般に公表されているマーケットデータを用いた評価を除き、個別の分析及び評価を含め、独自に評価、鑑定または査定を行っておらず、また第三者機関への鑑定または査定の依頼も行っておりません。

3．本算定書利用に当たっての留意事項

本算定書の利用においては、以下の事項にご留意いただきますようお願い申し上げます。

・本算定書は、貴社の対象会社の株式の取得に際しての買収価格の検討資料として利用されることのみを目的として作成されており、その他のいかなる目的のためにも使用されることを意図しておりません。したがって、法令等にしたがった開示を除き、弊事務所の事前の承諾なく、本算定書（当該複写物も含む）のすべてあるいはその一部でも配布または引用することはできません。
・本算定書は、対象会社の株式価値や、株式価値の算定の基礎となった利益計画及び投資計画の妥当性や実現可能性に関して、保証や証明といったいかなる形式の意見も表明するものではありません。
・本算定書は、主として2020年×月×日までに対象会社から提供を受けた利益計画や投資計画、財務資料、及び対象会社への質問に対する回答に基づいて作成されています。したがって、2020年×月×日以降に生じた事象や状況の変化により、本算定書の前提が影響を受ける可能性がありますが、弊事務所は、本算定書を更新、改定または再確認する義務を負うものではありません。
・弊事務所は、対象会社に対する監査や利益計画及び投資計画の妥当性・実現可能性に関する調査は行っておりません。また、本算定書は、対象会社から提供された情報に基づき作成されておりますが、弊事務所はその提供された情報の信頼性、正確性及び妥当性について、専門家として当然払うべき正当な注意義務を超える検証義務は負いません。
・本算定書における記載内容及び本算定結果に依拠した結果、貴社、貴社の株主、または第三者が損害を被ったとしても、弊事務所は当該損害について一切の責任を負いません。

4. 採用した評価方法

本算定書では、以下の手法により、対象会社の株式価値を算定しております。

評価方法	採用した理由
DCF法	・DCF法は、対象会社が生み出す将来のキャッシュフローを現在価値に割り引いて事業価値を算出し、さらに事業価値に非事業用資産を加算し、有利子負債を控除することで、対象会社の株式価値を算出する方法です。 ・DCF法は、企業を継続企業体として動態的にとらえる評価手法です。将来の事業活動の状況を評価に織り込むことができます。 ・DCF法は、前提条件の設定いかんによって評価結果に影響を与えるため、前提条件の設定に慎重な判断が必要となります。
マルチプル法	・マルチプル法は、対象会社が他の上場会社と類似した事業を営んでおり、財務状況が近似していれば、対象会社の株価は当該類似会社とほぼ同様の評価がなされるであろうとの考えのもとに、類似会社の市場株価と財務指標を比較することで、株式価値を評価するものです。 ・マルチプル法は、未上場会社の評価だけでなく、上場会社の市場株価を検証・補完し、総合的な株式価値評価を行うことを目的として広く採用されている評価手法です。

5. DCF法による算定結果

DCFにより算定した対象会社の1株当たりの株式価値は、次の通りです。

評価方法	1株当たりの株式価値
DCF法	×××円～×××円

DCF法による算定は、次の事項を前提としております。

項目	内容
事業計画	対象会社から提供された事業計画及び投資計画に基づいてFCF（フリーキャッシュフロー）を算定しています。
割引率	割引率は、加重平均資本コスト（WACC）を採用し、××%を使用しています。
実効税率	実効税率は、××%を採用しています。
残存価値	対象会社から提供された利益計画の最終事業年度の損益が永続するという仮定に基づき、残存価値を算定しております。
非事業用資産	事業拘束性の観点から、非事業用資産を××円と算定しています。

6. マルチプル法による算定結果

マルチプル法により算定した対象会社の1株あたりの株式価値は、次の通りです。

採用したマルチプル	レンジ	1株当たりの株式価値
EBITDA	倍～　倍	×××円～×××円
営業利益	倍～　倍	×××円～×××円
当期純利益（PER）	倍～　倍	×××円～×××円

類似会社比較法による算定は、次の類似会社を使用しております。

コード	内容	EBITDA	営業利益	当期純利益（PER）
××	㈱××	×倍～×倍	×倍～×倍	×倍～×倍
××	㈱××	×倍～×倍	×倍～×倍	×倍～×倍
××	㈱××	×倍～×倍	×倍～×倍	×倍～×倍
××	㈱××	×倍～×倍	×倍～×倍	×倍～×倍
××	㈱××	×倍～×倍	×倍～×倍	×倍～×倍

【問い合わせ先】

会計事務所名	××公認会計士事務所
役職・氏名	公認会計士　甲野　太郎
所在	東京都千代田区○○ 1-1-1 ○○ビル 4F
電話番号	03-3333-3333
携帯番号	080-8888-8888
E-mail	taro.kono@abcde.co.jp

第 12 章

M&Aの方法

1　M&Aの方法の種類

M&Aの方法には、株式譲渡のほかに、合併や会社分割などの組織再編を利用した方法や、事業譲渡などがあります。ただし、中小企業のM&Aは、株式譲渡や事業譲渡で行うことがほとんどです。

2018年版中小企業白書（三菱UFJリサーチ＆コンサルティング㈱「成長に向けた企業間連携等に関する調査」（2017年11月））によれば、M&Aが実行された手法は、事業譲渡が41.0%、株式譲渡が40.8%、合併が15.0%で、事業譲渡と株式譲渡の2つがほとんどを占めているという結果となっています。

また、M&Aに事業譲渡を選択した理由として、次のような理由が挙げられています。これらの理由を鑑みると、買い手は株式譲渡より事業譲渡を好む傾向にあるようです。

取得したい資産や従業員、取引先との契約を選別できた	65.6%
簿外債務の引継ぎや想定外のリスクを回避できた	29.6%
会社法上の手続の煩雑さを避けられた	19.9%
税務上の利点があった	4.7%
その他	8.1%

税務上のメリット・デメリットを勘案しての株式譲渡と事業譲渡の選択が行われることもあります。株式譲渡は、株主である経営者オーナーの税金は、譲渡益に対する分離課税（税率20.315%）となります。ただし、代表者の役員退職慰労金が支払う場合には、その税務負担も含めて検討しなければなりません。また、事業譲渡は、譲渡対価は譲渡した会社に帰属し、益金に対し法人税等の課税が生じます。事業譲渡後、株主に配当や役員報酬などで還流する場合には、総合課税（税率15.105%〜55.945%）の対象となります。

また、「会社分割＋株式譲渡」の手法も税負担が少なくできるようになっています。M&Aに関する税制改正の動向も注目しておきましょう。

2 株式譲渡と事業譲渡の比較

株式譲渡と事業譲渡のメリット・デメリットをみてみましょう。

項目	立場	株式譲渡	事業譲渡
譲渡手続	売り手 買い手	会社の資産及び負債、権利及び義務は包括的に承継するため、手続は容易。	事業に関する資産及び負債、権利及び義務はそれぞれ個別的に承継しなければならないため、手続は煩雑。
リスクの承継	買い手	権利義務は当然承継されるので、簿外債務や偶発債務などの想定外のリスクを承継してしまう。	資産負債及び権利義務は個別承継となるため、簿外債務の引継ぎや想定外のリスクを回避できる。
従業員の承継	買い手	従業員との雇用契約も当然承継される。	従業員は原則として承継しない。承継する場合には、承継する従業員と個別契約。
経営権の承継	買い手	会社の経営権は当然承継される。	株式を譲渡しないため、会社の経営権は承継されない。
許認可	買い手	法人で取得した許認可は、原則承継される。	法人で取得した許認可は承継されないため、買い手で事前に許認可を取得する必要がある。
資産の移転	買い手	取得したい資産を選択できない。	移転資産を選択できる。
税務リスク	買い手	税務リスクが承継される。	税務リスクは承継されない。
繰越欠損金	買い手 売り手	税務上の繰越欠損金を原則承継できる。	買い手は税務上の繰越欠損金を承継できない。売り手に税務上の繰越欠損金がある場合には、事業譲渡益と相殺できる。
資産調整勘定（税務上ののれん）	買い手	株式の取得対価と法人の純資産額の差額である資産調整勘定（税務上ののれん）の償却を損金に算入できない。	事業譲受対価と移転した純資産額との差額である資産調整勘定（税務上のれん）の償却を損金に算入できる。

会計上ののれん	買い手	個別財務表上、会計上ののれんが認識されない。 連結財務諸表上、会計上ののれんが認識される。取得後規則的な償却が求められる。	個別財務諸表上、会計上ののれんが認識される。取得後規則的な償却が求められる。
譲渡益の課税対象者	売り手	売り手オーナーに譲渡益が生じ、その譲渡益が個人所得税と住民税の課税対象となる（所得税15.315%、住民税5%）。	売り手企業に譲渡益が生じ、その譲渡益が法人税、法人住民税の課税対象となる（法人税実効税率約30%）。

対象事業に不動産がある場合には、不動産流通税にも注意しましょう。不動産を売買（事業譲渡を含みます）で移転した場合には、取得した会社に不動産取得税がかかります。また、売買、合併、会社分割で不動産の所有権を移転する場合には、登録免許税がかかります。

〈不動産取得税＝不動産の価格（固定資産税評価額）(※1)×税率(※2)〉

（※1）令和３年３月31日までに取得した宅地等は価格の２分の１
（※2）税率は下記の表のとおりです。

<table>
<tr><th></th><th>株式譲渡</th><th>売買
（事業譲渡）</th><th>合併</th><th>会社分割</th></tr>
<tr><td>土地</td><td rowspan="3">不要</td><td>100分の３</td><td rowspan="3">非課税</td><td rowspan="3">一定の要件を充たせば非課税</td></tr>
<tr><td>家屋（住宅）</td><td>100分の３</td></tr>
<tr><td>家屋（非住宅）</td><td>100分の４</td></tr>
</table>

〈登録免許税＝不動産の価額（固定資産税評価額）×税率(※)〉

（※）税率は下記の表のとおりです。

	株式譲渡	売買	合併	会社分割
土地	不要	1000分の15	1000分の４	1000分の15
建物		1000分の20	1000分の４	1000分の20

最終的には、M&Aの方法ごとの売り手企業及び買い手それぞれのメリット・デメリットを鑑みて決定されます。

3 会社分割＋株式譲渡

会社分割には、分社型分割と分割型分割があります。分社型分割（縦の分割）が会社分割により親子会社をつくる分割です。一方、分割型分割（横の分割）は会社分割により兄弟会社をつくる分割です。

2017年度税制改正で、分割型分割に関する税制上の適格要件が緩和されたため、分割型分割による株式譲渡のM&Aにおいて利用しやすくなりました。分割型分割を行った後株式譲渡するというM&Aが行われることが多くなっています。

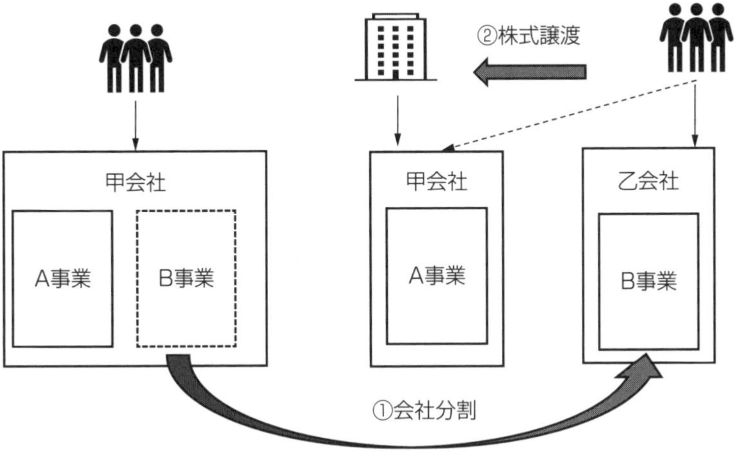

例えば、A事業とB事業を行っている甲会社があるとします。

A事業を外部に譲渡したい場合には、事業譲渡によります。事業譲渡に代えて、会社分割後、分割会社の株式を譲渡するという方法によることもできます。

会社分割によって譲渡対象外であるB事業を切り出し、A事業のみを行う甲会社の株式を譲渡するというものです。

この場合に、次の要件を満たせば、適格分割となり、会社や株主に税負担がありません。

① 株主と会社との間に（完全）支配関係があること

② 新設分割型分割であること

③ 株主と分割承継法人との間で（完全）支配関係が継続すること

ここで注意しなければならないのは、分割型分割で譲渡対象外の事業を分割承継法人（新設会社）に移し、分割法人に譲渡対象事業を残すということです。そのうえで、分割法人の株式を譲渡します。（完全）支配関係が継続しなくてもよいのは、分割法人であり、分割承継法人（新設法人）ではありません。残す事業を会社分割で外に出し、残った会社を譲渡することになります。

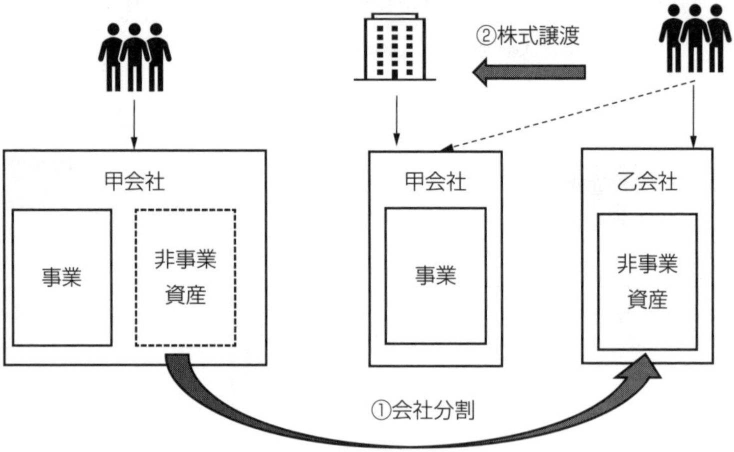

この会社分割は、買い手が引き受けたくない非事業資産がある場合にも利用できます。

非事業資産には、オーナー社長の役員社宅、ゴルフ会員権、保険契約、投資不動産、投資有価証券、オーナー社長が趣味程度で行っている主要事業以外の事業の資産及び負債などがあります。

これらの非事業資産は、会社の売却前にオーナー社長が会社から買い取るか、会社の売却後にオーナー社長が会社から買い戻すという方法でにより整理することもできます。しかし、買取り、買戻しによる場合は、含み益が実現し、会社に法人税等がかかってしまいます。買戻しによる場合には、会社の譲渡価額が非事業資産を含んだ価額となることから、オーナー社長の株式譲渡に係る所得税等が高額となります。これを避けるために、会社分割を利用することができます。非事業資産を新会社（乙会社）に移し、分割会社（甲会社）を譲渡します。

ここで注意しなければならないのは、支配関係（50％グループ）の組織再編では、独立事業単位要件と事業継続要件が求められることです。非事業資産の移転は、独立事業単位要件と事業継続要件をほぼ満たさないでしょうから、このスキームが取れるのは、完全支配関係（100％グループ）組織再編でなければならないことです。株主と甲会社との間で完全支配関係が求められます。

なお、非事業用資産に不動産がある場合には、不動産流通税にも注意しましょう。原則として、不動産取得税と登録免許税がかかります（190 頁参照）。

ただし、会社分割に係る不動産取得税の非課税措置が設けられており、一定の要件を充たした場合には、不動取得税が非課税になります。都、市町村に不動産所得税非課税申告を行う必要があります。一定の要件とは、次の通りです（分割型分割）。

①　金銭等不交付要件

分割対価資産として、分割承継法人の株式以外の資産が交付されないこと

②　非按分要件

その株式が分割法人の株主等の有する当該分割法人の株式の数の割合に応じて交付されるもの

③　主要資産負債移転要件

当該分割により分割事業にかかる主要な資産及び負債が分割承継法人に移転していること

④　事業継続要件

当該分割に係る分割事業が分割承継法人において当該分割後に引き続き営まれることが見込まれていること

⑤　従業者継続従事要件

当該分割の直前の分割事業に係る従業者のうち、その総数のおおむね 100 分の 80 以上に相当する数の者が当該分割後に分割承継法人に従事することが見込まれていること。分割事業に従事している者が 1 人しかいなかった場合、そ

の者が分割承継法人へと異動すれば、要件を充たします。

法人税法上の税制適格要件とは若干異なるため、適格分割であっても、不動産取得税の非課税に該当しないこともあります。上記の要件を充たすかどうか別途確認する必要があります。

第 13 章

M&Aの税務

1　M&Aにおける税務の概要

売り手がM&Aにより会社を売却する場合の金銭を得る手法には、①株式譲渡代金の受取り、②役員退職金の受給があります。さらに、会社を譲渡する前の③剰余金の配当の受取りという方法もあります。これらの金銭を得る手法は、課税上の取扱いが異なり、売り手オーナーにとっての税務上の有利不利があります。これらの手法を組み合わせて、最終的なM&Aの方法を検討する必要があります。

M&Aにおける売り手の税務対策を図示すると次の通りです。

事前	スキーム	事後
・剰余金の配当 ・役員退職慰労金 ・非事業資産の譲渡	・株式譲渡	―
―	・事業譲渡	・剰余金の配当 ・役員報酬

株式譲渡の場合には、事前の剰余金の配当役員退職慰労金の受領があります。一方、事業譲渡の場合には、事業譲渡後、剰余金の配当や役員報酬による受領があります。したがって、「剰余金の配当」、「役員退職慰労金」、「株式譲渡」、「事業譲渡」の4つの課税関係を押さえておけば、M&Aにおける売り手の税務は問題ないといえます。

また、買い手企業においては、事業譲受けの課税上の取扱いを押さえておく必要があります。

さらに、中小企業のM&Aにおいても、金銭交付型合併などの組織再編が利用されることがあります。また、「会社分割＋株式譲渡」の方法によるM&Aが行われることもあります。組織再編税制における税制適格要件及び分割法人の分割事業年度、被合併法人の最後事業年度（みなし事業年度）の税務申告は最低でも押さえておく必要があるでしょう。

2 事業譲渡の税務

(1) 事業を譲渡した会社

① 法人税

事業を譲渡した会社は、事業譲渡の対価と譲渡した資産及び負債の帳簿価額との差額の譲渡益に対して税金がかかります。法人の実効税率は約30%（法人税、住民税、事業税等）です。

② 消費税

譲渡した資産のうち消費税法上の課税資産には、消費税が課されます。事業譲渡価額と譲渡した資産及び負債の帳簿価額の差額であるのれんも、消費税法上の課税資産ですので、消費税が課されます。つまり、譲渡した資産にかかる消費税だけでなくのれん代にかかる消費税も上乗せして、事業譲渡の対価を受け取ることになります。

消費税の対象とならない譲渡資産（非課税資産）は、土地、有価証券、貸付金などの債権が該当します。

事業譲渡の対象となる資産に、土地など消費税法上の非課税資産が含まれている場合には、非課税売上が生じ、売り手企業の課税売上割合を引き下げます。課税売上割合が95%未満となる場合には、消費税の計算上仕入税額控除の計算方法が変わってしまうこともありますので注意が必要です。

(2) 事業を譲り受けた会社

① 法人税――資産調整勘定と負債調整勘定

事業を譲り受けた会社においては、受け入れた資産及び負債を時価で受け入れます。事業譲渡対価と受け入れた資産及び負債の差額は、会計上ののれん（または負ののれん）となります。会計上、のれんは、20年以内であれば、会社の方針でのれんの償却期間を設定できます。一方、負ののれんは、負ののれんが生じた期の利益として一時で収益計上されます。税務上は、会計上ののれんの計上は認められず、事業譲渡対価と受け入れた資産及び負債の差額は、資産調整勘定（税務上ののれん）または負債調整勘定となります。負債調整勘定には、差額負債調整勘定、退職給付負債調整勘定、短期重要債務調整勘定があります。

例えば、会計上600ののれんが発生し、10年償却のため償却費60（＝600÷120×12）が計上され、税務上も同額の資産調整勘定が認識され、60か月償却のため償却費が120（＝600÷60×12）とします。別表五（一）の記載のイメージを作成すると次のようになります。

別表五（一）

	期首	減少	増加	期末
資産調整勘定		60	600	540
のれん		△120	△600	△480

ただし、資産調整勘定、負債調整勘定の計上が認められるのは、事業譲渡した法人がその事業及びその事業に係る主要な資産負債のおおむね全部を事業を譲り受ける会社に移転した場合に限られます。

なお、事業譲渡にあたっては、実務上、譲渡対象資産及び負債を限定的にするのが一般的であり、棚卸資産と固定資産とのれんなどに限定されます。この場合に、この「おおむね全部」に該当するのか疑念が生じますが、事業譲渡を租税回避行為に使用しない限りは認められるものと考えます。

(a) 資産調整勘定

資産調整勘定は、60か月で取り崩し損金にします。

(b) 退職給付負債調整勘定

事業譲渡により譲り受けた従業員の退職給与について、事業譲渡前の譲渡会社の在職期間等を勘定して算定する旨を約し、これに伴う負担を事業を譲り受ける会社が引き受ける場合があります。事業を譲渡した会社は、会計上、その退職給与債務に係る金額を退職給付引当金として計上し、事業を譲り受ける会社はこれを承継します。税務上は、会計上の退職給付引当金は受け入れず、退職給付負債調整勘定として受け入れます。

退職給与負債調整勘定は、各年度で、対象者が退職する際に、負債調整勘定認識の原因となった従業者の数に対する退職給与の対象となった従業者の数の割合に応じて退職給付債務引受額を取り崩し、益金に計上します。従業者ごとの退職調整勘定の明細を保存すれば、従業者ごとの個別計算により取り崩すこともできます。

(c) 短期重要負債調整勘定

事業の譲受けにより移転を受ける事業について、工場を移転したり、従業員の大規模なリストラを行ったりすることが予定されていることがあります。事業譲渡後に多額の支出が想定されており、いってみれば、事業譲渡に係る事業の利益に重大な影響を与える将来の債務であるといえます。このような債務のうちまだ履行されていないものは、事業を譲渡する会社は、会計上、事業構造改善引当金、事業撤退損失引当金、事業整理損失引当金等、本社移転損失引当金、移転費用引当金、店舗閉鎖損失引当金といった引当金を計上し、譲受会社はこれを承継するものと考えられます。税務上は、これらの引当金は受け入れられず、一定の要件を満たした債務の額のみ、短期重要負債調整勘定として受け入れることができます。

短期重要負債調整勘定は、移転を受けた事業に係る将来の債務で次の(i)から(iv)までの要件を満たすものの履行に係る負担の引受けをしたときの、その債務の額（次の(v)及び(vi)の要件を満たす額に限ります）である必要があります。

(i) 移転を受けた事業の利益に重大な影響を与える債務であること

(ii) 退職給与債務引受けに係る債務以外の債務であること

(iii) 既に履行をすべきことが確定している債務以外の債務であること

(iv) その履行が事業の譲受けの日からおおむね3年以内に見込まれるものであること

(v) 移転を受けた事業について生ずるおそれのある損失の額として見込まれる金額であること

(vi) (v)の金額が移転を受けた資産の取得価額の合計額の20%相当額を超え

ること

短期重要負債調整勘定については、短期重要負債調整勘定を認識するための原因となった債務見込額に係る損失が発生した際に、その損失に相当する短期重要負債調整勘定の金額を取り崩し、益金に計上します。

事業譲渡日から3年を経過した期に、残高をすべて取り崩します。

(d) 差額負債調整勘定

退職給付負債調整勘定と短期重要調整勘定を除いた残りの負債調整勘定の額が、差額負債調整勘定です。差額負債調整勘定は、60か月で取り崩し、益金に計上します。

ところで、事業の譲受けに伴い、事業を譲り受けた会社がその事業に従事する従業員の雇用関係を承継し、その従業員の賞与の支払債務の履行に係る負担を引き受けることもあります。事業を譲渡した会社は、会計上、その賞与債務引受に係る金額を引当金として計上し、譲受会社はこれを承継したとします。

この賞与に係る支払いは、「損失の額」ではなく「費用の額」であり、前述の(v)の要件を満たさないため、その債務引受は短期重要債務調整勘定には該当せず、差額負債調整勘定として処理することとなります。

② 法人税――中古資産の取得

事業所とで取得した固定資産は、中古資産を取得した場合の見積り耐用年数により減価償却限度額を計算することができます。

③ 消費税

事業譲渡により取得した資産が消費税法上の課税資産であれば、消費税が課されます。事業譲渡対価と取得した資産及び負債の帳簿価額の差額であるのれんも、消費税法上の課税資産ですので、消費税が課されます。消費税の対象とならない譲渡資産（非課税資産）には、土地、有価証券、貸付金などの債権が該当します。

④ その他の租税公課

移転する資産の種類によっては、流通税がかかります。不動産や知的財産権を取得した場合には登記・登録手続が必要なため登録免許税が、不動産を取得した場合には不動産取得税がかかります。

3 株式譲渡の税務

(1) 株式を譲渡した個人・法人

株式の譲渡にあたっては、下記の税額がかかります。

譲渡収入－(株式の取得原価（取得費)＋譲渡費用)×税率

	個人株主	法人株主
譲渡収入	・譲渡対価が譲渡収入となる。	・譲渡対価が譲渡収入となる。
株式の取得価額（取得費）	・「譲渡収入×5%」と「実際の取得費」のいずれか大きい方を取得費にできる。 ・贈与・相続により取得している場合には、贈与者・被相続人の取得費を受け継ぐ。 ・一定の相続株については、相続税の取得費加算の特例の適用がある。	帳簿価額（取得価額）
譲渡費用	・M&A 仲介会社へのアドバイザリー報酬（着手金・成功報酬）	・M&A 仲介会社へのアドバイザリー報酬（着手金・成功報酬）
税率	20.315%(所得税 15.315%、住民税 5%)	実効税率　約 30%（法人税、住民税、事業税等）

相続税の取得費加算の特例とは、相続した株式について、相続発生後 3 年 10 か月以内に譲渡すれば、相続した株式にかかった相続税額を、株式の譲渡所得の計算上、取得費に加算できるという特例です。確定申告時に、①相続税の申告書の写し（第 1 表、第 11 表、第 11 の 2 表、第 14 表、第 15 表)、②相続財産の取得費に加算される相続税の計算明細書、③株式等に係る譲渡所得等金額の明細書を添付して申告すれば、この特例を適用することができます。

(2) 株式を取得した個人・法人

① 株式の取得原価に含めなければならない関連費用

株式の取得に関連して発生する費用には、デューディリジェンス費用、M&Aアドバイザリー報酬、通信費、名義書換料などがあります。これらの費用は、株式の購入のために要した費用（付随費用）として、株式の取得原価に含めなければなりません。なお、有価証券を取得するために要した通信費と名義書換料は金額が少額であれば、取得価額に含めないことができます（法人税基本通達2-3-5）。一方、M&Aが成立しなかった場合のデューディリジェンス費用は、損金処理します。

ただし、連結財務諸表上は、デューディリジェンス費用やアドバイザリー報酬などは発生した事業年度に費用計上されます。その分、会計上ののれんの額が小さくなります。

② 法定調書の提出

株式を取得し株式の譲渡の対価等を支払った法人は、株式等の譲渡の対価等の支払調書の提出が必要です。提出期限は翌年1月末です。

4 M&Aと組織再編

組織再編には、合併、会社分割、株式交換、株式移転などがあります。これらの組織再編は会社法の手続はもとより、税務上の有利不利があります。

組織再編における税務上の取扱いは、税制適格と税制非適格の2つがあります。税制適格は、資産の引継ぎを帳簿価額で引き継ぐ（譲渡損益が発生しない）という取扱いであり、税制非適格は、資産の引継ぎを時価で引継ぐ（譲渡損益が発生する）という取扱いです。税制非適格となると、法人における譲渡損益が実現するだけでなく、株主においてもみなし配当が生じてしまい、多額の税金が生じてしまいます。

	分割法人	分割承継法人	分割法人の株主	
			分割型	分社型
適格	簿価譲渡	簿価承継	簿価付替	課税なし
非適格	時価譲渡	時価承継 資産調整勘定	みなし配当 譲渡損益	課税なし

このうちM&Aで利用されることの多い会社分割を取り上げて、会社分割税制適格要件を見ていきましょう。完全支配関係（100%）、支配関係（50%超）、共同事業要件かで適格要件が異なります。

	完全支配関係（100%）	支配関係（50%超）	共同事業要件
① 金銭等不交付要件	○	○	○
② 按分型要件	○	○	
③ （完全）支配関係継続要件	○	○	—
④ 独立事業単価要件 ・主要資産負債引継要件 ・従業者引継要件		○	○
⑤ 事業継続要件		○	○

⑥ 事業関連性要件			○
⑦ 事業規模等要件 ・事業規模要件 ・経営参画要件			○
⑧ 株式継続保有要件			○

細かい要件の定義は、紙面が足りませんので、専門書に譲ります。

第三者の会社を買収するようなM&Aの場合には、共同事業要件を充たすような組織再編が行われます。また、繰越欠損金の引継ぎ制限及び使用制限にも注意を払う必要があります。

ここでは、中小企業のグループ内再編で利用される完全支配関係（100%）と支配関係（50%超）の再編成の適格要件の内容について、押さえておきましょう。

① 金銭等不交付要件

分割対価として、分割承継法人の株式または分割承継法人の完全親法人の株式のいずれか一方の株式以外の資産が交付されないこと

② 按分型要件

対価が分割法人の株主の有する株式数の割合に応じて交付されること

③ （完全）支配関係継続要件

分割前に（完全）支配関係があり、分割後に（完全）支配株主と分割承継法人との（完全）支配関係の継続が見込まれていること

④ 独立事業単位要件

(a) 主要資産負債継続要件

分割事業の主要な資産・負債が移転すること

(b) 従業者引継要件

分割事業の従業者のおおむね80%以上が分割後に分割承継法人（またはその完全支配関係法人）の業務に従事することが見込まれていること

⑤ 事業継続要件

分割事業が、分割後に分割承継法人（またはその完全支配関係法人）において引き続き営まれることが見込まれていること

5 退職金

(1) 退職金を受け取った個人

退職金を受けた個人は、退職所得として課税されます。退職所得は、勤続年数に応じた退職所得控除を受けることができ、さらに、所得金額はその2分の1となるため、税務上優遇されています。

退職所得＝(退職金－退職所得控除(※))×1/2

（※）退職所得控除

① 勤続半数20年以下　40万円×勤続年数(最低80万円)

② 勤続年数20年超　800万円＋70万円×(勤続年数－20年)

勤続年数は1年未満を切り上げた年数によります。

ただし、勤続年数が5年以下の役員への退職所得は、2分の1とすることはできず、「退職金－退職所得控除」となります。

退職所得は、給与所得などの他の所得と分離して所得税を計算します。退職所得の金額に税率を乗じた額が、退職所得に係る所得税額です。退職所得の額に、所得金額に応じた5%から45%の7段階の税率を乗じた額が、所得税額となります。また、退職所得の金額に、市町村民税（特別区民税）6%、道府県民税（都民税）4%の税率を乗じた額が、住民税額となります。

(2) 退職金を支払う法人

① 過大役員退職金

法人が退職する役員に支払った退職金は原則として損金算入されます。ただし、過大な役員退職金は損金に算入されません。適正な役員退職金の額は、税法上の具体的に定めはありません。一般的には、次の算式によって役員退職金は算定されます。

最終報酬月額×勤続年数×功績倍率

業績不振、老齢厚生年金の支給停止を避けるために報酬月額が減額されていることもあります。この場合には、最終報酬月額ではなく適正報酬月額（数年間の平均報酬月額など）を用いることができます。なお、功績倍率は、一般的に、代表取締役は3.0倍、平取締役2.0倍、監査役は1.5倍程度が用いられています。適正な役員退職金を超えて、役員退職金が支給された場合には、その差額は損金不算入となります。

②　退職金の源泉徴収及び特別徴収

退職金を支給する会社は、退職金を支給する際に、退職所得に係る所得税の源泉徴収をしなければなりません。納付期限は、源泉徴収した月の翌月10日です。源泉徴収される額は、退職金を受けた者から会社が「退職所得の受給に関する申告書」の提出を受けた否かで異なります。

「退職所得の受給に関する申告書」の提出を受けた場合には、退職所得金額に、所得金額に応じた5%から45%の7段階の税率を乗じて計算した額の源泉徴収をします。この場合には、源泉徴収で所得税計算が完結するため、退職金を受け取った本人は、確定申告は必要ありません。

退職金の支払の際に、住民税の特別徴収も必要です。退職所得の金額に市町村民税（特別区民税）6%、道府県民税（度民税）4%の税率を乗じて計算した額を、特別徴収しなければなりません。納入期限は、特別徴収した月の翌月10日です。住民税（給与分）の特別徴収を行っている場合には、納入書に退職所得分の納入金額を追記し、納入します。特別徴収を行っていない場合には、納入書を取り寄せて納入する必要があります。

③　法定調書

退職金を支払った会社は、税務署及び市町村に「退職所得の源泉徴収票・特別徴収票」を提出します。提出期限は、退職後1か月が原則です。ただし、税務署には、翌年1月末までに提出すればよいです。また、退職金を受け取った者には退職後1か月以内に交付します。

6 剰余金の配当・自己株式の取得

(1) 配当を受け取った個人・法人

配当を受けった株主の課税上の取扱いは、次の通りです。

	個人株主	法人株主
受取配当金	総合課税	受取配当等の益金不算入制度
源泉徴収税額	配当額×20.42%(復興税を含む。住民税なし)	配当額×20.42%(復興税を含む。住民税なし)
源泉所得税の取扱い	少額配当(1回に支払いを受ける額が10万円以下)の配当は、所得税の確定申告不要。ただし、住民税は申告必要。	源泉所得税は、次のいずれかによる。 ① 配当計算期間における元本保有期間に対応する部分の税額控除(損金不算入)、残額は損金処理 ② 損金処理

法人における受取配当等の益金不算入制度は、法人株主が配当を受け取った場合に、一定の受取配当金額は益金にしなくてよいというものです。配当は課税済みの利益から支払われるため、二重課税を行わないように、配当を受け取った段階で非課税とするとしています。

受取配当金の益金不算入額は、株式の保有割合によって異なります。

区分	保有割合	益金不算入額	保有期間
完全子法人株式等	100%	配当金×100%	配当計算期間
関連法人株式等	3分の1超	(配当金－負債利子)×100%	配当計算期間(6か月間)
その他の株式等	5%超3分の1以下	配当金×50%	
非支配目的株式等	5%以下	配当金×20%	配当支払基準日

⑵　配当を行った法人

①　源泉徴収義務

配当を行った法人は、配当金額に20.42％（復興税を含む。住民税なし）を乗じて計算した額の源泉徴収を行い、翌月10日までに税務署に納付します。

②　法定調書の提出

配当を行った法人は、税務署へ「配当、剰余金の分配、金銭の分配及び基金利息の支払調書及び合計表」を提出する必要があります。提出期限は、支払確定日から1か月です。実務上、配当を支払った株主に対し支払調書を交付しています。

⑶　株式を発行会社に譲渡した個人・法人

株式を発行会社に譲渡した株主は、その収入を「配当とみなす部分」と「株式の譲渡とみなす部分」とに区分されて課税されます。「配当とみなす部分」は 6 ⑴により、株式の譲渡とみなす部分」は 3 ⑴により課税されます。

⑷　自己株式を取得した法人

①　配当とみなす部分と株式譲渡とみなす部分

取得直前の資本金等の額のうち、取得した自己株式に対応する部分（株式の譲渡とみなす部分）を取得資本金額として資本金等の額からマイナスし、それ以外の部分（配当とみなす部分）は利益積立金から減額します。

②　源泉所得税

配当とみなす部分の金額の20.42％（復興税を含みます。住民税はありません）を乗じて計算した額の源泉徴収を行い、翌月10日に税務署に納付します。

③　法定調書の提出

法人は、税務署へ「配当とみなす金額に関する支払調書及び合計表」を提出する必要があります。

7 事業承継税制とM&A

非上場株式を相続又は贈与により取得した場合に、一定の要件を満たせば、相続税または贈与税の納税を猶予することができるという事業承継税制があります。納税猶予税制を適用している非上場株式を、M&Aにより第三者に譲渡した場合には、納税猶予は打ち切られ、次に定められた猶予された納税額を納付しなければなりません。

譲渡時期	猶予税額	利子税
申告期限後５年以内	全額の猶予税額	全額
申告期限後５年経過後	譲渡した株式数に対応する猶予税額	申告期限後５年間の利子税免除

M&Aで株式をすべて譲渡した場合には、猶予された納税額の全額の納付が必要となります。

ただし、会社の経営がうまくいかず、事業を継続することが困難となり、特例経営承継期間（6年）経過後に、相続税評価額以下で、株式を譲渡した場合には、納税猶予額のうち一定の数につき、免除を受けることができます。

事業を継続することが困難とは、具体的には一定期間のうち赤字が2年以上、または、売上高が2期以上、対前年比で減少している状況にあることをいいます。免除を受けることができる一定の額とは、株式譲渡対価をもとにした納付額を再計算し、納付額が当初の納税猶予税額を下回った場合の差額です。

多くの税理士が、事業承継税制（納税猶予）をするとM&Aができなくなるといいますが、そうではありません。M&Aにより多額の売却資金を受けるため、その資金で猶予した納税を支払えばよいだけです。また、事業承継税制適用時とM&A時点の売却価額を比較して、売却価額のほうが低ければ、猶予税額の一部が免除されます。不利になるわけではありません。

8 M&Aによる株主の変更

(1) 中小企業の特例とM&A

① 買い手企業の資本金が1億円超の場合

資本金が1億円以下の会社が、資本金が1億円超の会社に発行済株式総数の2分の1以上の株式を取得された場合には、取得された会社は、租税特別措置法上の中小企業者に該当しなくなります。したがって、次のような特例の適用ができなくなります。

(a) 中小企業投資促進税制（機械等を取得等した場合の特別償却または税額控除）

(b) 商業等活性化税制（中小企業者等が経営改善設備を取得等した場合の特別償却または税額控除）

(c) 少額減価償却資産の取得価額の損金算入の特例（30万円特例）

② 買い手企業の資本金が5億円以上の場合

資本金が1億円以下の会社が、資本金が5億円以上の会社の完全子会社（100%子会社）となった場合には、完全子会社は、法人税法上の中小法人等の特例措置が適用できなくなります。したがって、次のような特例の適用ができなくなります。

(a) 貸倒引当金の繰入れ

(b) 欠損金等の控除限度額（控除前所得の金額の50%が限度）の適用除外

(c) 法人税の軽減税率

(d) 特定同族会社の特別税率（留保金課税）の適用除外

(e) 貸倒引当金の法定繰入率の選択

(f) 交際費等の損金不算入制度における定額控除制度

(g) 欠損金の繰戻しによる還付制度

(2) 繰越欠損金や含み損がある休眠会社の買収

繰越欠損金や含み損がある休眠会社を買収し、買収後、その休眠会社に所得が生じる事業を移転し、休眠会社の繰越欠損金や含み損を利用しようとする租税回避行為があります。このような租税回避行為の実行を防止するため、欠損等法人の繰越欠損金の利用制限規制、含み損がある資産の譲渡による譲渡損の損金算入制限規制があります。

欠損等法人とは、次に該当する法人です。

① 新たな株主に発行済株式等の50%超を直接または間接に保有されること

② 繰越欠損金または評価損資産（含み損の金額が、1,000万円以上と資本金等の額の2分の1のうち小さい金額以上である固定資産、有価証券、金銭債権、資産調整勘定等）を有していること

また、欠損法人等の繰越欠損金、含み損の利用が制限されるのは、次のような場合です。

① 休眠会社で新たな事業を開始する場合

② 従来の事業を廃止して、直前の事業規模の5倍の借入れ、出資の受入れ等を行い、新事業を開始する場合

③ 特定債権（債権金額の50%未満の金額で取得した債権）を取得し、支配株主となった者の債権の額が法人の債務の50%超となった場合に、直前の事業規模の5倍の借入れ、出資の受入れ等を行い、新事業を開始する場合

④ ①～③のいずれかを行った後、合併を行うまたは残余財産が確定する場合

⑤ 全役員を退任、従業員の20%を退職させ、旧事業の5倍の新事業を開始する場合

(3) グループ法人税制で繰り延べられた利益

会社が完全子会社を譲渡した場合は、その子会社は会社と完全支配関係がなくなることになります。グループ法人税制が適用され繰り延べられてきた譲渡損益が税務上実現します。

9　連結納税とM&A

(1)　連結納税制度適用会社の子会社の譲渡

①　離脱した子会社のみなし事業年度申告

連結納税制度を適用している会社が子会社を譲渡した場合には、その子会社は連結納税グループからの離脱となります。離脱日は、株式の引渡しがあった日です。事業年度開始の日から離脱日の前日までを事業年度とみなし、離脱した会社だけで、連結納税としての単体申告を行います。この単体申告は、原則として単体申告の規定が適用されますが、連結法人特有の取扱いの一部が適用されます。ただし、事業年度の期首に株式を譲渡（＝離脱）した場合には、離脱日の前日が連結親法人の事業年度末と一致することから、従来と同様連結申告を行い、離脱日を含む年度以降は単体納税となります。

②　グループ法人税制で繰り延べられた利益の実現

グループ法人税制が適用され繰り延べられてきた譲渡損益が税務上実現します。

③　離脱した子会社の株式簿価修正

連結納税を適用した期間における子会社の税務上の利益積立金の増減分につき、その子会社株式の税務上の簿価を修正します。子会社株式を譲渡した場合には、税務上の子会社株式譲渡損益も調整します。

(2)　連結納税制度適用会社が会社を取得した場合

①　連結納税加入日の取扱い

連結納税制度を適用している会社が会社を取得した場合（100％を取得した場合に限ります）には、その連結子法人として会社は連結子法人として連結納税グループへの加入となります。加入日は、原則として、株式の引渡しがあった日となります。事業年度開始の日から加入日の前日までの期間がみなし事業年度となり、単体申告を行います。加入日から連結親法人の連結事業年度終了の日までがみなし事業年度となり、連結納税申告に取り込まれます。

ただし、加入日が月次決算期間の初日でない場合には、決算手続が煩雑になることから、連結納税の加入時期の特例を選択できます。この特例は、加入日の前日の属する月次決算の末日を境としてみなし事業年度とすることができるというものです。連結納税への加入時期の特例を適用するには、みなし事業年度の単体確定申告書の提出期限までに、「完全支配関係を有することとなった旨を記載した書類及び連結納税への加入時期の特例を適用する旨等を記載した書類」を、税務署に提出する必要があります。

② みなし事業年度における資産の評価損益

取得した会社が連結納税グループに加入する場合には、取得した会社の最後の単位申告のみなし事業年度で、税務上、一定の資産について評価損益を計上しなければなりません。一定の資産とは、(a)固定資産（圧縮記帳等適用資産を除きます）、(b)土地（土地の上に存する権利を含みます）、(c)有価証券（売買目的及び償還有価証券を除きます）、(d)金銭債権、(e)繰延資産です。ただし、(a)税務上の簿価が1,000万円未満の資産、(b)含み損益が1,000万円額未満（または資本金等の額の2分の1未満）の資産については、時価評価をする必要はありません。

③ 繰越欠損金の切り捨て

取得した会社が連結納税グループに加入する場合には、取得した会社の繰越欠損金が法人税法上切り捨てられます。

ただし、地方税上の繰越欠損金は切り捨てられません。事業税は、欠損金額及び災害損失の控除明細書（第六号様式別表九）で引き継がれます。法人住民税は、「控除対象個別帰属調整額の控除明細書（第六号様式別表二、第十号様式別表二）で、繰越欠損金に法人税率を乗じて計算した額を控除対象個別帰属調整税額として、引き継ぎます。

なお、令和2年度税制改正により、令和3年4月1日開始事業年度をもって連結納税制度が廃止され、令和4年4月1日開始事業年度からグループ通算制度に移行します。

10　令和３年度税制改正におけるM&A税制

(1)　株式対価M&Aを促進するための措置の創設

株式対価M&Aとは、会社法の株式交付を利用したM&Aをいいます。株式交付とは、令和元年会社法改正により新たに設けられた制度で、「株式会社が他の株式会社をその子会社とするために当該他の株式会社の株式を譲り受け、当該株式の譲渡人に対して当該株式の対価として当該株式会社の株式を交付すること」をいいます。

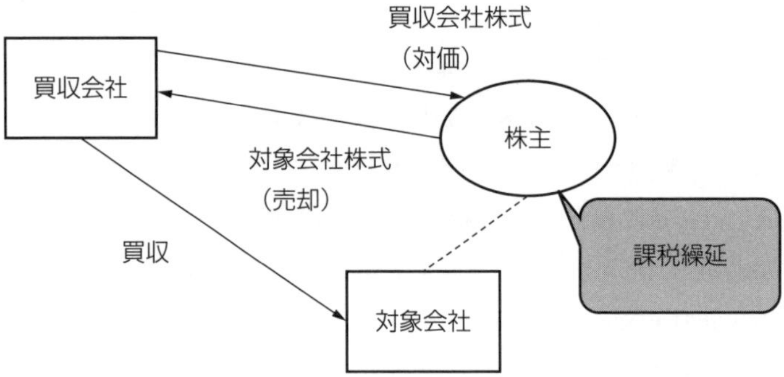

似たような制度として、株式交換と現物出資があります。株式交換と現物出資の課題をクリアし、M&Aを行いやすくしたのが株式交付というわけです。

	株式交換	現物出資	株式交付
M&Aの利用方法	買収会社が、株式交換により、対象会社の株式を取得し、その対価として、対象会社の株主に対して買収会社の株式を割り当てる	買収会社が、対象会社の株式を現物出資財産として対象会社の株主に対して株式を発行する	買収会社が対象会社をその子会社とするために、対象会社の株式を譲り受け、対象会社の株主に対してその対価として買収会社の株式を交付する

課題	・対象会社が外国会社である場合に利用できない。 ・対象会社が必ず完全子会社となってしまう。	・検査役の検査が求められる。 ・取締役が財産価額填補責任を負う。 ・有利発行に該当すると株主総会の特別決議が必要なため、プレミアムを乗せることができない。	・対象会社が外国会社である場合に利用できない。 ・実行後、議決権50%超とならなければならない。 ・子会社の追加取得に利用できない。

株式交付は、平成30年の産業競争力強化法及び租税特別措置法の改正により、実行は可能でした。とはいえ、実行にあたっては、事業再編または特別事業再編に関する計画を作成し、主務大臣の認定を受けなければならず、課税繰延べの税務上の特例措置の適用を受けるためには、特別事業再編に関する計画を作成し、主務大臣の認定を受けることが求められており、使い勝手が悪く、ほとんど実行されていませんでした。

これを改善すべく、令和元年12月に成立した改正会社法の改正において、自社株式等を対価とするM&Aについて、「株式交付制度」が創設されましたが、これに対応した税法上の取扱いが定められていませんでした。

令和3年税制改正では、株式交付制度に関する税制が整備されています。法人が、会社法の株式交付により、その有する株式を譲渡し、株式交付親会社の株式等の交付を受けた場合には、その譲渡した株式の譲渡損益の計上を繰り延べることができます。所得税についても同様です。

自社株式にあわせて金銭等を交付する、いわゆる混合対価も可能です。ただし、対価として交付を受けた資産の価額のうち、株式交付親会社の株式の価額が80%以上である場合に限られます。また、株式交付親会社の株式以外の資産の交付を受けた場合には、株式交付親会社の株式に対応する部分のみについて、譲渡損益の計上を繰り延べることができます。

なお、株式交付親会社の確定申告書の添付書類に次のものが求められています。

① 株式交付計画書

② 株式交付に係る明細書（株式交換及び株式移転についても同様）

③ 株式交付により交付した資産の数または価額の算定の根拠を明らかにする事項を記載した書類

なお、外国法人の株式対価M&Aを促進するための措置の適用については、その外国法人の恒久的施設において管理する株式に対応して株式交付親会社の株式の交付を受けた部分に限られています。所得税についても同様です。

⑵ 中小企業の経営資源の集約化に資する税制の創設

中小企業においては、業態転換を含めて大胆なビジネスモデルの変革が重要といわれています。単一または少数の事業を営んでいる中小企業にとっては、経営資源の集約化による事業の再構築などにより、生産性を向上させ、足腰を強くすることが求められています。

① 「中小企業事業再編投資損失準備金」制度の創設

そこで、経営資源の集約化によって生産性向上等を目指す計画の認定を受けた中小企業が、中小企業のM&Aにおける簿外債務、偶発債務等が顕在化するリスクに備えるため、準備金を積み立てることにより、積立時に損金算入が認められます。

具体的には、次の要件を充たした場合には、その株式等の価格の低落による損失に備えるため、その株式等の取得価額の70%までの金額を「中小企業事業再編投資損失準備金」として積み立てた金額を損金算入できます。

イ 青色申告書を提出する中小企業者（適用除外事業者に該当するものを除く）であること（「中小企業者」は、中小企業等経営強化法の中小企業者等、かつ、租税特別措置法の中小企業者）

ロ 中小企業等経営強化法改正法の施行の日から令和6年3月31日までの間に、経営力向上計画（経営資源集約化措置（仮称）が記載されたもの）の認定を受けること

ハ 経営力向上計画に従って他の法人の株式等を取得（購入による取得

に限る）すること

ニ　その取得の日を含む事業年度終了の日まで引き続き有している場合

ホ　株式等の取得価額が10億円以下であること

「中小企業事業再編投資損失準備金」は、①その株式等の全部または一部を有しなくなった場合、②その株式等の帳簿価額を減額した場合には、取り崩され益金に算入されます。

また、その積み立てた事業年度終了の日の翌日から5年を経過した日を含む事業年度から5年間でその経過した準備金残高の金等額を取り崩して、益金に算入します。

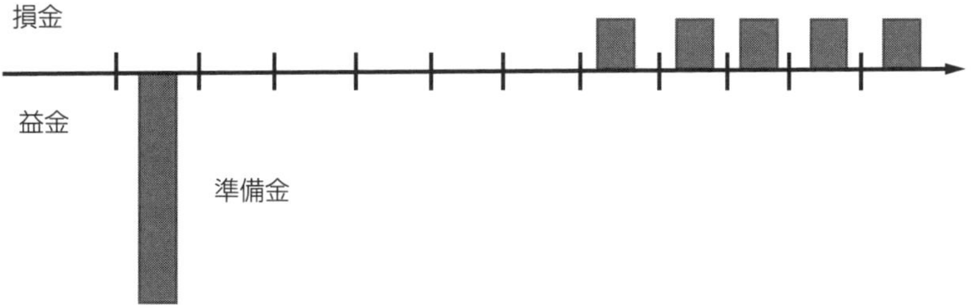

②　M&A後の積極的な投資や雇用の確保の促進

(a)　中小企業経営強化税制によるM&A後の投資の促進

中小企業経営強化税制（中小企業者等が特定経営力向上設備等を取得した場合の特別償却または税額控除制度）の適用期限が2年延長されます。所得税についても同様です。

また、特定経営力向上設備等の対象に、経営力向上計画終了年度に修正ROAまたは有形固定資産回転率が一定以上上昇する経営力向上計画（経営資源集約化措置が記載されたもの）を実施するために必要不可欠な設備が加えられます。経営力向上計画に必要な事項を記載して認定を受けた中小企業者は、新たな類型として中小企業経営強化税制の適用ができるようになります。

(b)　中小企業における所得拡大促進税制によるM&A後の雇用の確保の促進

所得拡大促進税制の上乗せ要件は、従来の①雇用者給与等支給額が前年度を上回ること、②継続雇用者給与等支給額の1.5%以上増加という要件を充たす必要がありました。税制改正後は、雇用者給与等支給額が1.5%以上増加という要件のみに見直されたうえで、適用期限が2年延長されまています。

	改正前	改正後	税額控除
通常	継続雇用者給与等支給額が前年度比で1.5%以上増加した場合	雇用者給与等支給額が前年度比で1.5%以上増加した場合	給与総額の前年度からの増加額の15%を税額控除
上乗せ	継続雇用者給与等支給額が前年度比で2.5%以上増加し、かつ、一定の要件を満たす場合	雇用者給与等支給額が前年比で2.5%以上増加し、かつ、一定の要件を充たす場合	給与総額の前年度からの増加額の25%を税額控除

所得拡大促進税制の上乗せ要件に、従来は、中小企業等経営強化法に基づく経営力向上計画の認定を受けており、経営力向上計画に基づき経営力向上が確実に行われたことにつき証明がされていることが求められていましたが、この必要な計画の認定が不要となり、M&A後の積極的な雇用の確保が期待されています。

⑶　土地の売買の所有権移転登記の登録免許税

土地の売買による所有権の移転登記等に対する登録免許税の税率の軽減措置の適用期限が2年延長されます（190頁参照）。

第 14 章

M&Aの財務経理領域PMI

1 PMIとは

M&Aの成立がゴールではありません。買い手企業にとっては売り手企業を取得した後の統合作業が待っています。統合作業がうまくいってこそ成功といえます。M&A成立後の統合作業をPMIといいます。ポストマージャーインテグレーションの略です。

PMIは、事業のみならず、経営管理、経理財務、ITシステム、法務、人事、総務等、幅広い領域が含まれます。ここでは、経理財務領域におけるPMIを押さえておきましょう。

顧問先がM&Aで会社を買収した場合に、顧問税理士が助言したり、支援したりできることがたくさんあります。新規顧問先獲得の機会でもありますので、積極的に相談にのるのがよいでしょう。経理財務領域におけるPMIには、次のような検討事項があります。

経理財務領域PMI事項	内容
①経理業務	
ⓐ決算期	決算日の統一
ⓑ会計方針の統一	会計方針、勘定科目の統一
ⓒ月次決算及び報告体制の構築	月次決算体制、報告事項の定義
②税務業務	届出書・申請書の確認、税務顧問の統一、連結納税制度、グループ通算税制
③会計システム	会計システムの統一、周辺（販売管理、購買管理、給与）システムの統一
④資金管理	効率的な資金管理、支払事務の統一
⑤人員	管理部門人員の集約、統合
⑥経営管理	職務権限、職務分掌

2 財務経理領域 PMI

(1) 経理業務

① 決算期

買い手企業の決算期と売り手企業の決算期は同一とは限りません。買い手が上場会社であれば、連結財務諸表を作成することから決算期を統一することが多いでしょう。買い手が中小企業であれば、買収後もあえて統一せず、そのまま運営するということもあるかもしれません。ただし、買収後の経営管理を厳格に行うのであれば、決算期を統一するのもよいでしょう。決算期を統一する場合には、売り手企業の決算期の変更が必要です。

② 会計方針の統一

買い手企業の会計処理方法と売り手企業の会計処理方法は、同一ではないでしょう。会計処理方法も統一することが望まれます。また、勘定科目の使い方も異なるでしょう。経営管理をするにあたっては、勘定科目の使い方も統一します。また、原価計算方法も統一する方がよいでしょう。

会計方針の変更時は、所轄税務署に申請書の提出が必要です。具体的には次の申請書があります。

税目	届出書・申請書	✓
法人税	棚卸資産の評価方法・短期売買商品等の一単位当たりの帳簿価額の算出方法・有価証券の一単位当たりの帳簿価額の算出方法の変更の承認の申請書	
	減価償却資産の償却方法の変更の承認の申請書	
	外貨建資産等の期末換算方法等の変更の承認の申請書	

会計方針の統一を検討するためには、買い手企業の会計処理方針を調査する必要があります。次のような確認表を使って調査します。会計方針の調査は、財務デューディリジェンスで調査対象とするのも一考でしょう。

【会計方針】

Ⅰ　全般	
1　会計基準	税法基準・その他（　　　）
2　収益の認識基準	
①商品等の販売に関する収益	出荷基準・引渡基準・検収基準・その他（　　）
②役務に関する収益	役務提供完了基準・その他（　　）
3　商品等の仕入の認識基準	入庫基準・検収基準・その他（　　）
Ⅱ　有価証券	
1　評価方法	移動平均法・その他（　　　）
評価基準	移動平均法・その他（　　　）
①時価のあるもの	原価法・時価法・その他（　　）
②時価のないもの	原価法・その他（　　）
Ⅲ　デリバティブ	
1　評価方法	原価法・時価法・その他（　　）
Ⅳ　たな卸資産	
1　評価方法	
①商品及び製品	先入先出法・後入先出法・平均法（移動・総平均・月次平均）・売価還元法・最終仕入原価法・その他（　　）
②原材料	先入先出法・後入先出法・平均法（移動・総平均・月次平均）・売価還元法・最終仕入原価法・その他（　　）
③貯蔵品	先入先出法・後入先出法・平均法（移動・総平均・月次平均）・売価還元法・最終仕入原価法・その他（　　）
2　評価基準	収益性低下簿価切下げ法・原価法・その他（　　　）
3　滞留在庫	
①滞留在庫の定義	
②滞留在庫の評価方法	
4　原価計算	
①たな卸資産	実際原価・予定原価・標準原価・その他（　　　　）
②売上原価	実際原価・予定原価・標準原価・その他（　　　　）
③予定・標準原価の算定方法	
④予定・標準原価の見直し	毎年・毎月・四半期・その他（　　　）
Ⅴ　固定資産	
1　減価償却の方法	
①建物	減価償却方法　定率法・定額法・その他（　　） 耐用年数　税法・その他（　　　） 残存価額　税法・その他（　　　）
②附属設備	減価償却方法　定率法・定額法・その他（　　） 耐用年数　税法・その他（　　　） 残存価額　税法・その他（　　　）

③構築物	減価償却方法　定率法・定額法・その他（　　　） 耐用年数　　　税法・その他（　　　） 残存価額　　　税法・その他（　　　）
④機械及び装置	減価償却方法　定率法・定額法・その他（　　　） 耐用年数　　　税法・その他 残存価額　　　税法・その他
⑤車両及び運搬具	減価償却方法　定率法・定額法・その他（　　　） 耐用年数　　　税法・その他 残存価額　　　税法・その他
⑥工具、器具及び備品	減価償却方法　定率法・定額法・その他（　　　） 耐用年数　　　税法・その他 残存価額　　　税法・その他
⑦無形固定資産	減価償却方法　定率法・定額法・その他（　　　） 耐用年数　　　税法・（　　　　）年
⑦ソフトウェア（自社利用分）	減価償却方法　定率法・定額法・その他（　　　） 耐用年数　　　税法・利用可能期間（　）年・その他（　　　）
2　残存価額の償却方法	規則的に償却・償却しない
3　税法上の特別措置	
①特別償却	あり・なし 内容
②圧縮記帳	あり・なし 内容
4　固定資産計上基準	
①資本支出基準	10万円以上・その他
②一括償却資産（20万円未満）	費用計上別表調整・資産計上3年定額・その他（　　　）
③少額減価償却資産の適用の有無	あり・なし
5　リース資産	
①所有権移転取引	売買処理・賃貸借処理・その他（　　　）
②所有権移転外取引	売買処理・賃貸借処理・その他（　　　）
③売買処理の場合	減価償却方法　定率法・定額法・その他（　　　） 耐用年数　　　税法・その他 残存価額　　　税法・その他
7　試験研究費の処理	資産計上・支出時費用処理・なし
8　不動産の評価	
①投資不動産の時価評価の有無	あり・なし
②固定資産の再評価の有無	あり・なし
③減損会計の適用の有無	あり・なし
9　資産除去債務	
適用の有無	あり・なし
Ⅵ　繰延資産	償却方法　　資産計上・支出時費用処理・なし 償却年数　　（　　　　）年
Ⅶ　外貨建て	

1　外貨建取引等の換算方法	
①外貨建取引等の有無	あり・なし
②外貨建取引等の内容	
③外貨建取引等の換算方法	
Ⅷ　引当金	
1　貸倒引当金	
①一般債権の引当基準	過去の貸倒実績に基づく繰入率・その他（　　　　　）
②貸倒懸念債権等特定の債権	回収不能見込額・その他（　　　　　）
③滞留債権の定義	
④滞留債権に対する引当基準	
2　賞与引当金	
①引当基準	支給見込額基準・その他（　　　）
②支給時期及び支給対象期間	（　月）（　　　　　）（　月）（　　　　　）
③業績連動賞与の有無	あり・なし
④業績連動賞与の引当基準	
3　退職給付引当金	
①退職金制度の有無	あり・なし
②退職金制度	退職一時金・退職年金・その他（　　　　　　）
③退職金原資	内部留保・外部積立（　　　）・その他（　　）
③退職給付会計基準適用の有無	あり・なし
④引当基準	PBO 計算・期末要支給額の 100%・その他（　　　　）
3　役員退職給付引当金	
①内規の有無	あり・なし
②引当金基準	期末要支給額の 100%・その他（　　　　　　）
4　その他の引当金	
①名称	
②計上基準	
Ⅸ　税効果会計	
①適用の有無	あり・なし
②会社区分	1・2・3・4・5
③繰越欠損金の有無	あり・なし

③　月次決算及び報告体制の構築

グループ入り後は、売り手企業は、毎月、買い手企業に月次決算を分析報告させるようにすべきです。M&A 後に野放図に経営をさせるということはあり得ないでしょう。売り手企業が月次決算を行っていない場合には、月次決算体制の構築が必要です。また、買い手企業の決算日程と合わせるための決算早期化が求められます。

(2) 税務業務

税務については、まずは、売り手企業の税務に関する届出を確認します。特に消費税の課税事業者、免税事業者、原則課税、簡易課税等の届け出の有無は、税務リスクがありますので、慎重に確認します。例えば、次のような届出・申請書を確認します。

【税務上の届出書・申請書】

税目	届出書・申請書	✓
法人税	申告期限の延長の特例の申請	
	青色申告の承認申請書	
	棚卸資産の評価方法の届出書	
	有価証券の一単位当たりの帳簿価額の算出方法の届出	
	減価償却資産の償却方法の届出書	
	外貨建資産等の期末換算方法等の届出	
	事前確定届出給与に関する届出	
源泉所得税	給与支払事務所等の開設届出書	
	源泉所得税の納金の特例の承認に関する申請書	
消費税	消費税課税事業者選択届出手続	
	消費税課税事業者届出手続（基準期間用）	
	消費税簡易課税制度選択届出手続	

売り手企業を買収後、合併や吸収分割などの組織再編を行う予定であれば、これに関しての税務検討をします。また、買い手企業が連結納税制度を適用している場合には、連結納税への加入についての税務検討をします。従来連結納税制度を適用していない場合でも、子会社を取得したことを契機に連結納税制度の適用を検討してもよいかもしれません。

また、売り手企業に顧問税理士がいる場合には、顧問契約を継続するか、買い手企業の顧問税理士に切り替えるかを検討します。

(3) 会計システム及び関連システム

使用する会計システムも会社によって異なります。グループ入り後は、できる限り会計システムは買い手企業で使用している会計システムと同一とするのがよいでしょう。同一とすることによって経営管理が容易になります。まずは、売り手企業がどのようなシステムを使用しているかを確認します。会計システムが単独で使用されていれば、別のシステムへの移行は容易ですが、業務管理システムとのデータ連携があるのが通常でしょう。他の業務管理システムも含めて調査する必要があります。データ連携の方法（日次・週次・月次バッチ、手動・自動、明細・合計）についても確認しておきましょう。

【システム】（例）

領　域	システム名
財務会計	自社開発・PCA 会計・勘定奉行・弥生会計・大蔵大臣・MF クラウド会計・会計 freee など
給与計算	自社開発・PCA 給与・給与奉行・弥生給与・給与大臣・MF クラウド給与・人事労務 freee など
販売管理	自社開発・PCA 商魂・販売奉行・弥生販売・販売大臣など
債権管理	自社開発・PCA 商魂・販売奉行・弥生販売・販売大臣など
仕入・在庫管理	自社開発・PCA 商管・蔵奉行・弥生販売・販売大臣など
債務管理	自社開発・PCA 商管・蔵奉行・弥生販売・販売大臣など
固定資産管理	自社開発・PCA 固定資産・固定資産奉行・減価償却の達人など

次に取り組みたいのが、得意先・取引先コード番号の統一です。得意先・取引先コード番号の統一は、グループ全体での得意先・取引先との取引高の集計を容易にします。グループ全体で得意先・取引先の取引高を把握できれば、価格交渉や対顧客戦略などが容易になります。

(4) 資金管理

売り手企業の資金繰りをどのように行うかという課題があります。売り手企業はこれまで、自己で資金調達を行ってきました。買収後も、自己で資金調達をさせるのか、買い手企業が資金調達をして、子会社に貸し付けるのかを検討する必要があります。貸付けを行う場合には金利の設定も検討します。一般的には、親会社が金融機関から借入れをして貸し付ける場合には親会社の金融機関からの借入れ金利相当額とし、親会社が余裕資金を子会社に貸し付ける場合には、親会社の平均調達金利をもとに計算した金利とします。

また、売り手企業の入出金プロセスも検討します。現預金は不正が生じることも多く、これを防止するため、また、資金効率を最大限にするためには、財務機能は、売り手企業に集約するのがよいでしょう。買い手企業の財務部門が、売り手企業の外部支払業務・経費精算・給与支払業務を行うことにより、毎日の資金残高を即時に把握できるとともに、グループ全体の資金繰りを考えることができるようになります。

(5) 経営管理

経営管理の統合業務です。まずは、誰が誰に報告する、誰が誰に承認を受けるのかという報告承認系統を明確化します。職務権限、職務分掌も変更となることから、諸規定の改訂も行います。

また、予算・実績報告が月次で行われることになりますが、買い手企業が指定した報告フォーマットで行う体制を構築する必要があります。報告事項には、財務数値だけでなく、売買い手企業がこれまで使用してきたKPIの指標を新たに報告させることもあるでしょう。KPIを把握できるようなシステム改修も必要になるかもしれません。

また、年度経営計画や中期経営計画も、買い手企業の計画立案方法に従い、定型のフォーマットで提出できるよう、売り手企業の幹部への教育が求められます。

(6) 人員

売り手企業にも経理・財務部門があります。買収後もそのままの体制で業務を行うと、経理・財務機能が重複し、非効率となります。一般的には、子会社の経理・財務機能を親会社に集約し、経営の効率化をします。経理・財務機能の集約は、会計不正の防止、経営効率、経営判断の迅速化が図れます。

経理・財務機能の集約するためには、売り手企業の経理・財務部門の人員のスキルの確認が必要です。スキルシートを作成するのも一法です。

【スキルシート】(例)

氏名	役職	年齢	性別	現在の業務内容	入社年月	財務経理歴	資格	特記事項
河野太郎	部長	50	男	銀行折衝、中長期計画管理、年度予算管理	2015/4	5年		金融機関出身
小津田次郎	課長	40	男	在庫管理、原価管理、月次業績管理、単体決算業務	2010/10	18年	簿記2級	
田中平子	主任	30	女	売掛債権管理、買掛債務管理、経費管理	2012/5	8年	FASS検定B	

3　取得の会計処理

財務経理領域のPMIとして取り上げられるのが取得の会計処理です。

上場会社では、企業結合に関する会計基準（企業結合基準）に従って、M&Aの会計処理をする必要があります。取得の会計処理の概要を説明します。

①　取得原価の算定＝企業価値の算定

まずは、企業結合基準に従って、取得原価を算定します。売り手企業の取得原価は、原則として、取得の対価（支払対価）となる財の株式取得日における時価で算定します。

②　資産及び負債の公正価値評価

次に売り手企業から受け入れた資産と引き受けた負債を時価評価します。取得原価と受け入れた資産及び受け入れた負債の純額とに差額が生じます。

③　無形資産の評価・のれんの計算

この差額は、買い手企業が何らかの財産的価値を認識して買収したと考えます。その財産的価値を無形資産として認識します。無形資産とは、商標権、商号、顧客関係、受注残高、特許権、技術、ライセンス、契約などです。無形資産を認識した後の残額が、のれんとなります。無形資産を認識できたら、無形資産の評価をします。評価にあたっては事業計画などを利用し一定のロジックに基づき算定します。無形資産の価値算定は、外部評価機関に依頼をして行うのが多いですが、会社にも情報の提供など一定の関与が求められています。

この一連の手続をPPAといいます。パーチェスプライスアロケーションの略で、取得原価の配分を意味します。デューディリジェンスの段階で、このPPAの手続を見据えた必要な情報を入手、整理しておく必要があります。企業価値評価の段階においても、その計算過程も無形資産の評価に影響も与えることもあることから、計算過程における諸条件にも注意を払っておきましょう。PPAにあたっては見積要素が多いため、監査法人との間で早めに意見交換を行っておく必要があります。

巻末資料

(1)　株式譲渡契約書のひな型

(2)　事業譲渡契約書のひな型

(3)　M&A 用語集

(1) 株式譲渡契約書のひな型

株式譲渡契約書

【譲り渡し側株主】（以下「甲」という。）及び【譲り受け側】（以下「乙」という。）は、【譲り渡し側（株式会社）】（代表者：○○、本店所在地：○○。以下「対象会社」という。）の発行済株式の全てである普通株式○○株（以下「本株式」という。）の甲から乙に対する譲渡（以下「本株式譲渡」という。）に関し、本日、以下のとおり株式譲渡契約（以下「本契約」という。）を締結する。

第1章　本株式の譲渡
第1条（目的）
本契約は、対象会社の一層の発展を目指し、本株式を甲が乙に対して譲渡することにより、対象会社の経営権を乙に移転することを目的として、締結する。

第2条（本株式の譲渡）
甲は、乙に対し、本契約の規定に従い、○○年○○月○○日又は甲及び乙が書面により別途合意する日（以下「クロージング日」という。）において、本株式を譲り渡し、乙は甲から本株式を譲り受ける。

第3条（譲渡価格）
本株式譲渡における本株式の対価（以下「本譲渡価額」という。）は、○○円（1株当たり金○○円）とする。

4条（本株式譲渡の実行）
1　甲は、乙に対し、クロージング日に、乙から本譲渡価額の支払を受けることと引換えに、次の各号の書類を交付する。
①甲の印鑑証明書
②本株式に係る株券
③第5条第2号及び第9条第1号に定める本株式譲渡を承認した対象会社の取締役会決議に係る議事録の原本証明付写し
④対象会社の全取締役及び全監査役の辞任届
⑤対象会社の株主名簿（クロージング日の前日時点でのもの）の原本証明付写し
2　乙は、甲に対し、クロージング日に、前項各号の書類の引渡しを受けることと引換えに、本譲渡価額を支払う。
3　前項の支払は、乙が下記の銀行口座に振込送金する方法により行う。ただし、振込手数料は乙の負担とする。

記

銀行支店名　○○銀行○○支店
口座種別　普通預金

口座番号　　○○
口座名義　　甲

4　本株式譲渡の効力は、本条第2項に従い行われる株券の交付時に生じる。

5　甲及び乙は、クロージング日において、甲及び乙による本条第1項及び第2項の各義務の履行（以下「クロージング」という。）後直ちに、対象会社をして、本株式に係る甲から乙に対する株主名簿の名義書換を行わせる。

第2章　前提条件

第5条（乙のクロージングの前提条件）

乙は、クロージング日において甲について次の各号が満たされていることを前提条件として、第4条第2項に定める乙の義務を履行する。なお、クロージング日において以下の各号の条件が一部でも満たされていない場合には、乙は、第4条第2項に定める義務の履行を拒絶できるが、その任意の裁量により、以下の各号の条件の一部又は全部を放棄することができる。ただし、かかる条件の一部又は全部の放棄によっても、以下の各号の条件が充足したとみなされるものではなく、また、甲は、本契約に基づく表明及び保証の違反に基づく責任その他本契約に定める甲の責任を減免されるものではない。

①第7条に規定する甲の表明及び保証が、クロージング日において、真実かつ正確であること。ただし、軽微な点における誤りは除く。

②第9条に規定する甲の義務が全て履行されていること。

第6条（甲のクロージングの前提条件）

甲は、クロージング日において乙について次の各号が満たされていることを前提条件として、第4条第1項に定める甲の義務を履行する。なお、クロージング日において以下の各号の条件が一部でも満たされていない場合には、甲は、第4条第1項に定める義務の履行を拒絶できるが、その任意の裁量により、以下の各号の条件の一部又は全部を放棄することができる。ただし、かかる条件の一部又は全部の放棄によっても、以下の各号の条件が充足したとみなされるものではなく、また、乙は、本契約に基づく表明及び保証の違反に基づく責任その他本契約に定める乙の責任を減免されるものではない。

①第8条に規定する乙の表明及び保証が、クロージング日において、真実かつ正確であること。ただし、軽微な点における誤りは除く。

②第10条に規定する乙の義務が全て履行されていること。

第3章　表明及び保証

第7条（甲の表明及び保証）

甲は、乙に対し、本契約締結日及びクロージング日において、別紙1に記載の各事項が真実かつ正確であることを表明し保証する。

第8条（乙の表明及び保証）

乙は、甲に対し、本契約締結日及びクロージング日において、別紙2に記載の各事項が真実かつ正確であることを表明し保証する。

第4章クロージング前の取扱い

第9条（甲の義務）

甲は、乙に対し、本契約締結日後クロージングまでの間に、次の各号に定める義務を履行するものとする。

①甲は、対象会社の取締役会をして、本株式譲渡を承認する旨の決議をさせなければならない。

②甲は、対象会社をして、対象会社の活動を通常の事業活動の範囲内で行わせなければならず、通常の事業活動の範囲外の活動については、事前に乙の同意を得なければ行わせてはならない。

③甲は、第7条に規定する表明保証に違反することとなる行為を行わず、違反の事実又はそのおそれが生じた場合、直ちにその旨並びに当該事実又はそのおそれの詳細を乙に対して通知する。

第10条（乙の義務）

乙は、甲に対し、本契約締結日後クロージングまでの間に、第8条に規定する表明保証に違反することとなる行為を行わず、違反の事実又はそのおそれが生じた場合、直ちにその旨並びに当該事実又はそのおそれの詳細を甲に対して通知する義務を負う。

第5章クロージング後の取扱い

第11条（役員退職慰労金の支払）

1　乙は、対象会社をして、クロージング後速やかに、クロージングに際して対象会社の代表取締役を辞任する甲に対して○○円の役員退職慰労金を支払う旨の承認決議を行わせ、甲に対して当該役員退職慰労金を支払わせるものとする。

2　乙は、対象会社をして、前項の金員を、下記の銀行口座に振込送金する方法により支払わせる。ただし、振込手数料は乙の負担とする。

記

銀行支店名	○○銀行○○支店
口座種別	普通預金
口座番号	○○
口座名義人	甲

3　乙は、対象会社をして、本条に定める役員退職慰労金の支払について、法令等に従い、所要の源泉徴収を行わせる。

第12条（対象会社の役員）

1　甲は、クロージング日付の辞任届を作成して対象会社に提出し、クロージングに際して対象会社の取締役及び代表取締役を辞任する。

2　甲は、対象会社の全取締役及び監査役をして、クロージング日付の辞任届を作成させて対象会社に提出させ、クロージングに際して対象会社の取締役ないし監査役を辞任させる。

3　甲は、乙がクロージング日においてクロージング後直ちに対象会社の株主総会を開催して、乙が、ⅰ別途指定するとおり対象会社の定款を変更し、かつ、ⅱ別途指名する者を対象会社の役員に選任できるよう協力する。

第13条（甲の義務）
1　甲は、クロージング後、乙の合理的な求めに応じて、必要な引継ぎ（決算及び税務申告に関するものを含む。）について、合理的な範囲で協力する。甲及び乙は、別途協議して、引継ぎの詳細を取り決める。
2　甲は、本契約締結後○年間は、乙及び対象会社の書面による承諾がない限り、対象会社と競業関係に立つ業務を行わず、又は第三者をしてこれを行わせない。
3　甲は、本契約締結後○年間、自ら又はその関係者を通じて、対象会社の従業員を勧誘し、対象会社からの退職を促し、又はその他何らの働きかけも行わないことを約する。
4　甲は、乙又は対象会社が、甲の表明及び保証が正確若しくは真実でなかったこと又は甲の本契約上の債務不履行に関し、第三者から損害賠償の請求その他のクレームを受けた場合、乙からの求めに応じ、当該クレームの処理につき乙又は対象会社に協力する。
5　甲は、本株式について、所有権、株主権その他の権利を主張する第三者の存在が判明した場合には、甲の費用と責任において、当該第三者が主張する本株式に関する一切の権利を消滅させる。
6　甲は、クロージング前の商取引等に関する税務調査を受けた乙から連絡を受けた場合には、相互に協力して対応する。

第14条（乙の義務）
1　乙は、原則として、クロージング後、対象会社の従業員を全員継続雇用する。
2　乙は、クロージング前の商取引等に関する税務調査を受けた甲から連絡を受けた場合には、相互に協力して対応する。
3　乙は、対象会社をして、対象会社の役職員が対象会社のために保証している契約につき、当該契約の相手方と書面又は口頭による交渉を行い、当該保証の解除を合意させ、かつ、当該保証が合意解除されたことを示す書類を甲に交付するよう最大限努力する。甲が対象会社のために保証している契約について、保証債務の履行その他の損害、損失又は費用が発生した場合には、乙は、甲の損害、損失又は費用を補償する。

第6章　解除
第15条（本契約の解除）
1　甲及び乙は、相手方に本契約に定める表明保証、義務又は約束に違反があった場合、相当期間を定めて催告し、相手方が当該期間内にこれを是正しないときは、クロージング前に限り、本契約を解除することができる。
2　甲及び乙は、前項の定めにかかわらず、相手方が、別紙1の⑴⑤及び⑵⑭に規定する第7条に基づく甲の表明及び保証に違反した場合又は別紙2の⑤に規定する第8条に基づく乙の表明及び保証に違反した場合には、相手方に対して書面で通知することで、本契約を解除することができる。
3　本契約の解除後も、第7章の規定に基づく補償の請求は妨げられない。

第7章　補償
第16条（甲による補償）
1　甲は、乙に対し、第7条に定める甲の表明保証の違反又は本契約に基づく甲の義務の違反に起因又は関連して乙が被った損害、損失又は費用（合理的な弁護士費用を含む。

以下「損害等」という。）を補償する。

2　前項の補償のうち、甲の表明保証の違反に基づく補償責任は、甲が、クロージング日から○年経過するまでに書面により乙に請求した場合に限り生じるものとし、合計損害額○○円を上限とする。

3　甲は、乙が第1項に基づく補償の請求の対象となる自らの損害等の拡大を防止するための措置を執らなかったことにより拡大した損害等については、第1項に基づく補償責任を条理上合理的な範囲で免れるものとする。

4　本契約に商法第526条の規定は適用されないものとする。

第17条（乙による補償）

1　乙は、甲に対し、第8条に定める乙の表明保証の違反又は本契約に基づく乙の義務の違反に起因又は関連して甲が被った損害等を補償する。

2　前項の補償のうち、乙の表明保証の違反に基づく補償責任は、甲が、クロージング日から○年経過するまでに書面により乙に請求した場合に限り生じるものとし、合計損害額○○円を上限とする。

3　乙は、甲が第1項に基づく補償の請求の対象となる自らの損害等の拡大を防止するための措置を執らなかったことにより拡大した損害等については、第1項に基づく補償責任を条理上合理的な範囲で免れるものとする。

第8章　一般条項

第18条（秘密保持義務）

1　甲及び乙は、本契約締結日から○年間、ⅰ本契約の検討又は交渉に関連して相手方から開示を受けた情報、ⅱ本契約の締結の事実並びに本契約の存在及び内容、並びにⅲ本契約に係る交渉の経緯及び内容に関する事実（以下「秘密情報」と総称する。）を、相手方の事前の書面による承諾なくして第三者に対して開示してはならず、また、本契約の目的以外の目的で使用してはならない。ただし、上記ⅰの秘密情報のうち、以下の各号のいずれかに該当する情報は、秘密情報に該当しない。

①　開示を受けた時点において、既に公知の情報

②　開示を受けた時点において、情報受領者が既に正当に保有していた情報

③　開示を受けた後に、情報受領者の責に帰すべき事由によらずに公知となった情報

④　開示を受けた後に、情報受領者が正当な権限を有する第三者から秘密保持義務を負うことなく正当に入手した情報

⑤　情報受領者が秘密情報を利用することなく独自に開発した情報

2　甲及び乙は、前項の規定にかかわらず、以下の各号のいずれかに該当する場合には、秘密情報を第三者に開示することができる。

①自己（甲においては対象会社を含む。）の役員及び従業員並びに弁護士、公認会計士、税理士、司法書士及びフィナンシャル・アドバイザーその他のアドバイザーに対し、本契約に基づく取引のために合理的に必要とされる範囲で秘密情報を開示する場合。ただし、開示を受ける者が少なくとも本条に定める秘密保持義務と同様の秘密保持義務を法令又は契約に基づき負担する場合に限るものとし、かかる義務の違反については、その違反した者に対して秘密情報を開示した当事者が自ら責任を負う。

②法令等の規定に基づき、裁判所、政府、規制当局、所轄官庁その他これらに準じる公

的機関・団体等により秘密情報の開示を要求又は要請される場合に、合理的に必要な範囲で当該秘密情報を開示する場合。なお、かかる場合、相手方に対し、かかる開示の内容を事前に（それが法令等上困難である場合は、開示後可能な限り速やかに）通知しなければならない。

第 19 条（第三者への公表日）

1　本契約締結及びこれに関する一切の事実の対外的公表の日（以下「公表日」という。）は、○○年○○月○○日とする。当該対外的公表の方法等については、甲及び乙が協議の上決定する。

2　各当事者は、公表日まで、本契約締結及びこれに関する一切の事実について秘密保持に努めるものとする。

第 20 条（公租公課及び費用）

甲及び乙は、原則として、本契約及び本契約が予定する取引に関連して発生する公租公課、アドバイザーに対する費用・報酬、その他一切の費用については、各自これを負担する。

第 21 条（通知等）

本契約に関する相手方に対する通知等は、後記当事者欄記載の住所ないし所在地に対して行われる。ただし、甲及び乙は、本契約締結後、書面により相手方に通知することにより、連絡先の変更を行うことができる。本条に従い通知等がされたにもかかわらず、当該通知等が延着し又は未着となった場合、通常到達すべき日に到達したものとみなされ、その効力が発生する。

第 22 条（残存効）

本契約が終了した場合であっても、第 7 章及び第 8 章（第 19 条を除く。）の規定は引き続き効力を有する。

第 23 条（完全合意）

本契約は、本株式譲渡に関する当事者の完全な合意であり、これ以前に本株式譲渡に関して甲及び乙間で交わされた文書、口頭を問わず、いかなる取決め（秘密保持に関する契約を含む。）も全て失効する。

第 24 条（契約上の地位又は権利義務の譲渡等）

甲及び乙は、相手方の書面による事前の承諾を得ない限り、本契約上の地位又は本契約に基づく権利義務につき、直接又は間接を問わず、第三者に譲渡、移転、承継又は担保権の設定その他の処分をしてはならない。

第 25 条（条項の可分性）

本契約の一部の条項が無効、違法又は執行不能となった場合においても、その他の条項の有効性、適法性及び執行可能性はいかなる意味においても損なわれることなく、また、影響受けない。

第26条（準拠法・管轄）
1　本契約は、日本法に準拠し、これに従って解釈される。
2　本契約に関する一切の紛争（調停を含む。）については、○○地方裁判所を第一審の専属的合意管轄裁判所とする。

第27条（誠実協議）
甲及び乙は、本契約に定めのない事項及び本契約の条項に関して疑義が生じた場合には、信義誠実の原則に従い、誠実に協議の上解決する。

本契約締結の証として本書2通を作成し、甲乙記名押印の上、各1通を保有する。
○○年○○月○○日

甲（住所）
（氏名）　㊞
乙（所在地）
（名称）
（代表者）　㊞

（別紙1）甲が表明及び保証する事項
⑴甲に関する表明及び保証
①　自然人
甲は、日本国籍を有し日本国に居住する自然人であること。
②　本契約の締結及び履行
甲は、本契約を適法かつ有効に締結し、これを履行するために必要な権限及び権能を全て有しており、法令等上の制限及び制約を受けていないこと。
③　強制執行可能性
本契約は、甲により適法かつ有効に締結されており、かつ乙により適法かつ有効に締結された場合には、甲の適法、有効かつ法的拘束力のある義務を構成し、かかる義務は、本契約の各条項に従い、甲に対して執行可能であること。
④　法令等との抵触の不存在
甲による本契約の締結及び履行は、ⅰ甲に適用ある法令等又は司法・行政機関等の判断等に違反するものではなく、ⅱ甲が当事者である契約等について、債務不履行事由等を構成するものではないこと。また、甲による本契約の締結又は履行に重大な影響を及ぼす、甲を当事者とする訴訟等は係属しておらず、かつ、将来かかる訴訟等が係属するおそれもないこと。
⑤　反社会的勢力との関係の不存在
甲は、反社会的勢力ではなく、反社会的勢力との間に取引、資金の提供、便宜の供与、経営への関与その他一切の関係又は交流がないこと。なお、反社会的勢力とは、以下の者のことを指し、本契約において以下同じとする。
ⅰ　暴力団（その団体の構成員（その団体の構成団体の構成員を含む。）が集団的に又は常習的に暴力的不法行為等を行うことを助長するおそれがある団体をいう。）

ii　暴力団員（暴力団の構成員をいう。）

iii　暴力団準構成員（暴力団員以外の暴力団と関係を有する者であって、暴力団の威力を背景に暴力的不法行為等を行うおそれがある者、又は暴力団若しくは暴力団員に対し資金、武器等の供給を行う等、暴力団の維持若しくは運営に協力し、若しくは関与する者をいう。）

iv　暴力団関係企業（暴力団員が実質的にその経営に関与している企業、暴力団準構成員若しくは元暴力団員が経営する企業で暴力団に資金提供を行う等、暴力団の維持若しくは運営に積極的に協力し若しくは関与する企業又は業務の遂行等において積極的に暴力団を利用し暴力団の維持若しくは運営に協力している企業をいう。）v 総会屋等（総会屋、会社ゴロ等企業等を対象に不正な利益を求めて暴力的不法行為等を行うおそれがあり、市民生活の安全に脅威を与える者をいう。）

vi　社会運動等標ぼうゴロ（社会運動若しくは政治活動を仮装し、又は標ぼうして、不正な利益を求めて暴力的不法行為等を行うおそれがあり、市民生活の安全に脅威を与える者をいう。）vii 特殊知能暴力集団等（上記 i ないし vi に掲げる者以外の、暴力団との関係を背景に、その威力を用い、又は暴力団と資金的なつながりを有し、構造的な不正の中核となっている集団又は個人をいう。）

viii　その他上記 i ないし vii に準ずる者

⑥　倒産手続等の不存在

甲について、支払停止、手形不渡、銀行取引停止等の事由は生じておらず、かつ、破産、民事再生等の倒産手続開始の申立てはされておらず、それらの申立て事由も生じておらず、私的整理も行われていないこと。

⑦　対象会社との取引の不存在

クロージング日において、甲と対象会社の間には、甲が対象会社の役員として提供する役務及びそれに対する報酬等の支払を除き、役務、便益の提供その他の取引（契約書の有無を問わない。）は存在しないこと。ただし、本契約において記載がある事項については、この限りではない。

⑵対象会社に関する表明及び保証

①　対象会社の設立及び存続

対象会社は、日本法に基づき適法かつ有効に設立され、かつ存続する株式会社であり、現在行っている事業に必要な権限及び権能を有していること。

②　対象会社の株式

i　対象会社の発行済株式は本株式が全てであること。本株式は、その全てが適法かつ有効に発行され、全額払込済みの普通株式であること。

ii　甲は、本株式の全てを何らの負担、制限及び制約のない状態で、適法かつ有効に、本株式を所有していること。

iii　本株式について、訴訟等、クレーム等、司法・行政機関等の判断等は存在しないこと。

iv　対象会社は、転換社債、新株引受権付社債、新株引受権、新株予約権、新株予約権付社債その他対象会社の株式を取得できる権利を発行又は付与していないこと。

③　子会社及び関連会社の不存在

対象会社は、子会社及び関連会社を有していないこと。

④　倒産手続等の不存在

対象会社について、支払停止、手形不渡、銀行取引停止等の事由は生じておらず、かつ、破産、民事再生、会社更生、特別清算等の倒産手続開始の申立てはされておらず、それらの申立て事由も生じておらず、私的整理も行われていないこと。

⑤　計算書類等

○○年○○月○○日を終期とする事業年度に係る対象会社の計算書類その他の甲が乙に開示した計算書類等（以下「本計算書類等」という。）は、適用ある法令等及び日本において一般に公正妥当と認められる企業会計の基準に従って作成されており、その作成基準日及び対象期間における対象会社の財政状態及び経営成績を、重要な点において正確に示していること。

⑥　資産対象

会社は、その事業の遂行のために使用している有形又は無形資産につき、有効かつ対抗要件を具備した所有権、賃借権又は使用権を保有しており、かかる資産上には対象会社又は対象会社以外の者に対する債権を被担保債権とする担保権は存在しないこと。また、対象会社の所有に係る不動産は、良好な状態に維持されており、重要な変更を加えられていないこと。

⑦　知的財産権

対象会社は、その事業を遂行するにあたり必要な全ての特許権、実用新案権、意匠権、商標権、著作権その他の知的財産権（以下「知的財産権」という。）について、自ら保有するか又は知的財産権を使用する権利を有しており、第三者の知的財産権を侵害しておらず、過去に侵害した事実もなく、侵害しているとのクレームを受けたこともないこと。また、第三者が対象会社の知的財産権を侵害している事実もないこと。

⑧　負債対象

会社は、保証契約、保証予約、経営指導念書、損失補填契約、損害担保契約その他第三者の債務を負担し若しくは保証し、又は第三者の損失を補填し若しくは担保する契約の当事者ではないこと。対象会社は、○○年○○月○○日以降、通常の業務過程で生じる債務及び負債、本計算書類等に記載された負債、第9条に従い甲に支払われる役員に係る役員退職慰労金債務を除き、一切の債務及び負債を負担していないこと。

⑨　重要な契約

対象会社が締結する重要な契約は全て有効に成立・存続し、それぞれ各対象会社は、子会社及び関連会社を有していないこと。

（別紙2）乙が表明及び保証する事項

①　設立及び存続

乙は、日本法に基づき適法かつ有効に設立され、かつ存続する株式会社であり、現在行っている事業に必要な権限及び権能を全て有しており、法令等上の制限及び制約を受けていないこと。

②　本契約の締結及び履行

乙は、本契約を適法かつ有効に締結し、これを履行するために必要な権限及び権能を有していること。乙による本契約の締結及び履行は、その目的の範囲内の行為であり、乙は、本契約の締結及び履行に関し、法令等又は乙の定款その他内部規則において必要とされる手続を全て適法に履践していること。

③ 強制執行可能性

本契約は、乙により適法かつ有効に締結されており、かつ甲により適法かつ有効に締結された場合には、乙の適法、有効かつ法的拘束力のある義務を構成し、かかる義務は、本契約の各条項に従い、乙に対して執行可能であること。

④ 法令等との抵触の不存在

乙による本契約の締結及び履行は、(i) 乙に適用ある法令等又は司法・行政機関等の判断等に違反するものではなく、(ii) 乙の定款その他内部規則に違反するものではなく、(iii) 乙が当事者である契約等について、債務不履行事由等を構成するものではないこと。また、乙による本契約の締結又は履行に重大な影響を及ぼす、乙を当事者とする訴訟等は係属しておらず、かつ、将来かかる訴訟等が係属するおそれもないこと。

⑤ 反社会的勢力との関係の不存在

乙及びその役員は反社会的勢力ではなく、反社会的勢力との間に取引、資金の提供、便宜の供与、経営への関与その他一切の関係又は交流がないこと。乙の従業員は、乙の知る限り、反社会的勢力ではなく、反社会的勢力との間に取引、資金の提供、便宜の供与、経営への関与その他一切の関係又は交流がないこと。

⑥ 倒産手続等の不存在

乙について、支払停止、手形不渡、銀行取引停止等の事由は生じておらず、かつ、破産、民事再生、会社更生、特別清算等の倒産手続開始の申立てはされておらず、それらの申立て事由も生じておらず、私的整理も行われていないこと。

（中小企業庁編「中小 M&A ガイドライン―第三者への円滑な事業引継ぎに向けて―」（令和 2 年 3 月）より抜粋し一部加工）

(2) 事業譲渡契約書のひな型

事業譲渡契約書

【譲り渡し側】（以下「甲」という。）及び【譲り受け側】（以下「乙」という。）は、甲が現に営む事業のうち、〇〇事業（以下「承継対象事業」という。）を乙に譲渡することに関し、以下のとおり事業譲渡契約（以下「本契約」という。）を締結する。

第1条（事業譲渡）
甲は、本契約に定める条項に従い、承継対象事業を乙に譲渡し、乙はこれを譲り受ける（以下「本事業譲渡」という。）。

第2条（クロージング日）
本事業譲渡を行う日（以下「クロージング日」という。）は、〇〇年〇〇月〇〇日とする。ただし、手続上の都合等により必要があるときは、甲乙協議のうえクロージング日を変更することができる。

第3条（承継対象財産）
1　本事業譲渡により、甲は乙に対し、クロージング日をもって、ⅰ承継対象事業に属する別紙1に記載の資産（以下「承継対象資産」という。）を譲渡するものとし、ⅱ承継対象事業に関して甲が締結している別紙2に記載の第三者との間の契約（修正、変更、付随契約、特約等を含む。以下「承継対象契約」という。）における契約上の甲の地位の一切を移転するものとする。なお、別紙1及び2に記載された以外の資産又は契約を、本事業譲渡に伴い譲渡する場合、その価額等については甲乙が協議の上で決定するものとする。
2　本事業譲渡により、乙は、クロージング日をもって、承継対象事業に関し甲が負担する別紙3に記載の債務（以下「承継対象債務」といい、承継対象資産、承継対象契約及び承継対象債務を総称して「承継対象財産」という。）を免責的に引き受けるものとし、甲及び乙は、かかる債務の引受けにつき必要な手続（当該債務の引受けに対する当該債務の債権者からの承諾の取得を含む。）を相互に協力の上、行うものとする。なお、甲及び乙は、承継対象債務以外のいかなる債務も承継しないことを確認する。

第4条（取引先の承継）
甲は、承継対象事業に関する甲の仕入先・販売店・下請先等の取引先（以下「取引先」という。）に対して、公表日（第19条において定義される。）以降クロージング日の前日までに、本事業譲渡について十分な説明を行い、かつ、乙が取引先を承継できるよう、取引先の承諾を得るものとする。万が一、乙が取引先の全部又は一部を承継できない場合は、甲乙で別途協議の上対策を講じるものとする。

第5条（従業員の取扱い）

1　甲は、承継対象事業に従事している甲の従業員を、乙の従業員として転籍させるものとし、詳細については甲乙別途協議の上決定するものとする。

2　甲は、クロージング日に、前項により乙に転籍する従業員に対し、クロージング日までに発生する賃金・退職金債務その他甲との労働契約に基づき又はこれに付帯して発生した一切の債務を履行し、乙は同債務を承継しないものとする。

第6条（譲渡代金）

1　承継対象事業の譲渡の対価（以下「譲渡代金」という。）は、金〇〇円（消費税及び地方消費税を別途支払うものとする。）とする。

2　乙は、譲渡代金をクロージング日までに、甲が別途指定する銀行口座に振込送金する方法により、甲に支払う。なお、振込手数料は乙の負担とする。

第7条（株主総会決議）

甲は、クロージング日までに、本契約の承認及び本事業譲渡に必要な事項に関する甲の株主総会の決議を得るものとする。

第8条（許認可）

甲及び乙は、本契約締結後速やかに、本事業譲渡に必要な許認可の取得、登録、届出等の手続を協力して行うものとし、手続に必要な費用は乙の負担とする。

第9条（移転手続）

1　甲は、承継対象財産の細目を記載した引継書を作成し、クロージング日に当該引継書とともに承継対象財産並びに関係証憑、帳簿類及び承継対象事業に含まれる甲の取引先リストを乙に引き渡すものとする。

2　前項の承継対象財産の引渡しにつき、移転行為又は対抗要件としての登記・登録・通知・裏書・第三者の承諾等の諸手続を必要とするものについては、クロージング日までに当該手続を完了するものとする。ただし、乙が免除又は手続完了の遅延を了承した手続についてはこの限りではない。

第10条（表明及び保証）

1　甲による表明及び保証甲は、乙に対し、本契約締結日及びクロージング日において、別紙4-1（甲の表明保証事項）に掲げる各事項が真実かつ正確であることを表明及び保証する。

2　乙による表明及び保証乙は、甲に対し、本契約締結日及びクロージング日において、別紙4-2（乙の表明保証事項）に記載された各事項が真実かつ正確であることを表明及び保証する。

第11条（公租公課等の負担）

1　承継対象財産に対する固定資産税等の公租公課、保険料、電気・水道・ガス等の使用料金等については、納税告知書、請求書等の宛名名義の如何にかかわらず、日割計算によりクロージング日前日までの分は甲が負担し、クロージング日以降の分は乙が負担する。
2　第9条第2項の移転手続に要する登録免許税等の公租公課は、乙が負担する。

第12条（善管注意義務）
甲は、本契約締結のときから本事業譲渡完了まで、承継対象事業及び承継対象財産を善良な管理者の注意をもって管理し、承継対象事業及び承継対象財産に重大な影響・変動を及ぼす行為をする場合は、予め乙の書面による承諾を得なければならない。

第13条（競業避止義務）
甲は、クロージング日以後○年間は、乙が承継する承継対象事業と競合する事業を自ら行わず、また他人をして行わせないものとする。

第14条（本事業譲渡実行の前提条件）
1　甲の義務の前提条件
甲の本事業譲渡を実行する義務（承継対象財産の譲渡を含む。）は、クロージング日において以下の各条件の全てが成就していることを前提とする。ただし、甲は、以下の各条件のいずれについても、その裁量により条件不成就を主張する権利を放棄することができる。
①　第10条第2項において規定された乙による表明及び保証が、重要な点において真実かつ正確であること。
②　乙が、クロージング日までに本契約に基づきなすべき義務を全ての重要な点において履行しかつ遵守していること。
2　乙の義務の前提条件
乙の本事業譲渡を実行する義務（第6条第2項に定める譲渡代金支払義務を含む。）は、クロージング日において以下の各条件の全てが成就していることを前提とする。ただし、乙は、以下の各条件のいずれについても、その裁量により条件不成就を主張する権利を放棄することができる。
①第10条第1項において規定された甲による表明及び保証が、重要な点において真実かつ正確であること。
②甲が、クロージング日までに本契約に基づきなすべき義務を全ての重要な点において履行しかつ遵守していること。
③クロージング日までに、本事業譲渡を承認する甲の株主総会議事録の原本証明付写しが乙に対し提出されていること。

第15条（事業譲渡条件の変更及び本契約の解除）
本契約締結の日からクロージング日までの間において、以下のいずれかの事由が甲又は乙に生じた場合は、他方当事者は、クロージング日までの間に限り本契約を解除することができる。ただし、甲及び乙は、解除を行うに際しては事前に協議を行うものとする。また、甲及び乙は、本契約の解除に代えて、協議の上、本契約を変更することができる。
①天災地変その他の事由により、甲又は乙の資産状態、経営状態に重大な変動が生じた場合。
②本契約に定める甲又は乙の義務に重大な違反が存する場合。

③甲が、通常の業務の範囲を超えて、承継対象事業の価値を減少させ、又は本事業譲渡の実行を困難にするおそれのある行為を新たに行った場合（ただし、甲乙間にて合意の上行う場合を除く。）。
④その他本事業譲渡の実行に重大な支障となる事態（第14条の前提条件不充足を含む。）又は本事業譲渡を困難にする事態が生じている場合。

第16条（甲による補償）
1　甲は、乙に対し、第10条第1項に定める甲の表明保証の違反又は本契約に基づく甲の義務の違反に起因又は関連して乙が被った損害、損失又は費用（合理的な弁護士費用を含む。以下「損害等」という。）を補償する。
2　前項の補償のうち、甲の表明保証の違反に基づく補償責任は、乙が、クロージング日から○年経過するまでに書面により甲に請求した場合に限り生じるものとし、合計損害額○○円を上限とする。
3　甲は、乙が第1項に基づく補償の請求の対象となる自らの損害等の拡大を防止するための措置を執らなかったことにより拡大した損害等については、第1項に基づく補償責任を条理上合理的な範囲で免れるものとする。
4　本契約に商法第526条の規定は適用されないものとする。

第17条（乙による補償）
1　乙は、甲に対し、第10条第2項に定める乙の表明保証の違反又は本契約に基づく乙の義務の違反に起因又は関連して甲が被った損害等を補償する。
2　前項の補償のうち、乙の表明保証の違反に基づく補償責任は、甲が、クロージング日から○年経過するまでに書面により乙に請求した場合に限り生じるものとし、合計損害額○○円を上限とする。
3　乙は、甲が第1項に基づく補償の請求の対象となる自らの損害等の拡大を防止するための措置を執らなかったことにより拡大した損害等については、第1項に基づく補償責任を条理上合理的な範囲で免れるものとする。

第18条（秘密保持義務）
1　甲及び乙は、本契約締結日から○年間、ⅰ本契約の検討又は交渉に関連して相手方から開示を受けた情報、ⅱ本契約の締結の事実並びに本契約の存在及び内容、並びにⅲ本契約に係る交渉の経緯及び内容に関する事実（以下「秘密情報」と総称する。）を、相手方の事前の書面による承諾なくして第三者に対して開示してはならず、また、本契約の目的以外の目的で使用してはならない。ただし、上記ⅰの秘密情報のうち、以下の各号のいずれかに該当する情報は、秘密情報に該当しない。
①　開示を受けた時点において、既に公知の情報
②　開示を受けた時点において、情報受領者が既に正当に保有していた情報
③　開示を受けた後に、情報受領者の責に帰すべき事由によらずに公知となった情報
④　開示を受けた後に、情報受領者が正当な権限を有する第三者から秘密保持義務を負うことなく正当に入手した情報
⑤　情報受領者が秘密情報を利用することなく独自に開発した情報
2　甲及び乙は、前項の規定にかかわらず、以下の各号のいずれかに該当する場合には、

秘密情報を第三者に開示することができる。
①自己の役員及び従業員並びに弁護士、公認会計士、税理士、司法書士及びフィナンシャル・アドバイザーその他のアドバイザーに対し、本契約に基づく取引のために合理的に必要とされる範囲で秘密情報を開示する場合。ただし、開示を受ける者が少なくとも本条に定める秘密保持義務と同様の秘密保持義務を法令又は契約に基づき負担する場合に限るものとし、かかる義務の違反については、その違反した者に対して秘密情報を開示した当事者が自ら責任を負う。
②法令等の規定に基づき、裁判所、政府、規制当局、所轄官庁その他これらに準じる公的機関・団体等により秘密情報の開示を要求又は要請される場合に、合理的に必要な範囲で当該秘密情報を開示する場合。なお、かかる場合、相手方に対し、かかる開示の内容を事前に（それが法令等上困難である場合は、開示後可能な限り速やかに）通知しなければならない。

第19条（第三者への公表日）
1　本契約締結及びこれに関する一切の事実の対外的公表の日（以下「公表日」という。）は、○○年○○月○○日とする。当該対外的公表の方法等については、甲及び乙が協議の上決定する。
2　各当事者は、公表日まで、本契約締結及びこれに関する一切の事実について秘密保持に努めるものとする。

第20条（契約上の地位又は権利義務の譲渡等）
甲及び乙は、相手方の書面による事前の承諾を得ない限り、本契約上の地位又は本契約に基づく権利義務につき、直接又は間接を問わず、第三者に譲渡、移転、承継又は担保権の設定その他の処分をしてはならない。

第21条（準拠法・管轄）
本契約は、日本法に準拠し、これに従って解釈される。本契約に関する一切の紛争（調停を含む。）については、○○地方裁判所を第一審の専属的合意管轄裁判所とする。

第22条（誠実協議）
甲及び乙は、本契約に定めのない事項及び本契約の条項に関して疑義が生じた場合には、信義誠実の原則に従い、誠実に協議の上解決する。

本契約締結の証として本書2通を作成し、甲乙記名捺印の上、各1通を保有する。
○○年○○月○○日

甲（所在地）
（名称）
（代表者）　㊞
乙（所在地）
（名称）
（代表者）　㊞

（別紙1）

承継対象資産

【承継する資産を記載する】

例

1　甲が所有する後記不動産目録記載の土地及び建物

2　上記1記載の建物の附属設備、構築物全て

3　上記1記載の建物内に設置された機械装置全て

4　承継対象事業に関連する工具器具備品全て

5　承継対象事業に関連する車両運搬具全て

6　承継対象事業に関連する在庫（商品、原材料、貯蔵品）全て

7　承継対象事業に関連する電話加入権全て

8　承継対象事業に関連するソフトウエア全て

9　その他承継対象事業に必要な一切の資産（ただし、現預金、売掛金を除く）

（別紙2）

承継対象契約

【承継する契約を記載する】

例

1　令和元年6月5日付け株式会社○○との間に締結した取引基本契約

2　令和2年2月1日付け株式会社○○との間に締結した建物賃貸借契約

（別紙3）

承継対象債務

【承継する債務を記載する】

例

1　令和元年6月5日付け株式会社○○との間に締結した取引基本契約第8条に規定する株式会社○○に対する保証金返還債務

（別紙4-1）

甲による表明及び保証

【甲による表明及び保証の内容を記載する】（234～237頁参照）

（別紙4-2）

乙による表明及び保証

【乙による表明及び保証の内容を記載する】（234～237頁参照）

（中小企業庁「中小M&Aガイドライン～第三者への円滑な事業引継ぎに向けて～」の株式譲渡契約に加筆修正）

⑶ M&A 用語集

用語	解説	参照頁
CA（シーエー） NDA（エヌディーエー）	CA=Confidentiality Agreement、NDA=Non-disclosure Agreement の略。秘密保持契約書。	34
テール条項	M&A 未成立で仲介契約が終了した後、一定期間に売り手・買い手が M&A を行った場合、その仲介者が報酬を請求することができるとする条項。	43
インフォメーションメモランダム IM（アイエム）	企業概要書。会社の強み弱みや、事業ごとの収支、業界の概要など、買い手が投資判断できるデータなどを盛り込んだ資料。	50
EBITDA（イービットダー、イービットディエー）	EBITDA=Earning Before Interest Taxes Depresiation and Amotization。支払利息・税金・減価償却費計上前利益。いわばキャッシュでの儲け。	53, 165
ノンネームシート	会社を特定できない範囲で、企業や事業の特徴を記載した開示資料。	64
ティザー	匿名情報シート。ノンネームシートよりより詳細な情報を記載した開示資料。	65
ロングリスト、ショートリスト	買い手候補のリスト。絞り込んだものをショートリストという。	68
LOI（ロイ、エルオーアイ）	LOI=Letter of Intent。意向表明書。買収価額と買収条件を記載した買い手から売り手に提示される表明書。	80
MOU（エムオーユー）	MOU=Memorandum of Understanding。基本合意書。交渉によって決定した譲渡価額・諸条件や、独占交渉期間、株式譲渡契約締結までの予定を盛り込んだ合意書。	87
デューディリジェンス、デューデリ、ディーディー	DD=Due Diligence。買収監査。弁護士や公認会計士などの専門家が、売り手の契約書や決算書などを詳細に調査し、法務リスクや財務リスクの有無について確認する手続。	92
COC（チェンジオブコントロール、シーオーシー）	COC=Change of Control。株主や代表者が変更になったときに、契約が解除されるという条項。	95
SPA（エスピーエー）	SPA=Stock Purchase Agreement。株式譲渡契約書。保証条項や表明保証違反の損害賠償条項などが定められる。	106
EV（イーブイ）	EV=Enterprise Value。事業価値。	165
PMI（ピーエムアイ）	PMI=Post Merger Integration。M&A 成立後の統合作業。	220
PPA（ピーピーエー）	PPA=Purchase price allocation。取得原価の配分。財産的価値を無形資産として認識すること。	229

【参考文献】

〔M&A 全般〕

・中小 M&A ガイドライン～第三者への円滑な事業引継ぎに向けて～（中小企業庁）

・M&A コンサルティングの実務（佐武伸・中央経済社）

・あなたの会社は高く売れます～決定版・小さな会社の M&A～（岡本行生・ダイヤモンド社）

・企業買収の実務プロセス（木俣貴光・中央経済社）

・株式会社 STR コンサルティング（https://str.co.jp/category/merger-and-acquisition）

〔企業価値算定〕

・企業価値評価ガイドライン（経営研究調査会研究報告第 32 号）（日本公認会計士協会）

・高値づかみをしない M&A 成功するプライシングの秘訣（アビームコンサルティング・中央経済社）

・図解でわかる企業価値評価のすべて（株式会社 KPMGFAS・日本実業出版社）

〔デユーディィリジェンス〕

・合意された手続業務に関する実務指針（専門業務実務指針 4400）（日本公認会計士協会）

・M&A を成功に導く財務デューデリジェンスの実務（プライスウォーターハウスクーパース株式会社・中央経済社）

・M&A を成功に導くビジネスデューデリジェンス（PwC アドバイザリー合同会社）

・M&A を成功に導く税務デューデリジェンスの実務の実務（デロイト トーマツ税理士法人）

〔M&A 法務〕

・事業担当者のための逆引きビジネス法務ハンドブック　M&A 契約書式編（塩野誠／宮下和昌・東洋経済新報社）

〔M&A 税務〕

・中小企業 M&A 実務必携税務編（村木良平・きんざい）

【著者略歴】

大野　貴史（おおの　たかし）

公認会計士・税理士
筑波大学大学院修了（法学修士）
　監査法人にてM&Aのバリュエーション・デューディリジェンス業務、資産税税理士法人にて後継者不在のM&Aアドバイザリー、事業会社にてM&Aの買収実務、証券会社にてIPO業務等を経て、大野公認会計士事務所を開設。社外役員や顧問としてM&Aに関する助言をする一方、中小企業のM&Aアドバイザリー業務、株式評価業務、M&Aデューディリジェンス業務、株式交換・会社分割等の企業組織再編業務、連結納税、事業承継コンサルティング業務、企業オーナーの相続対策、IPOコンサルティング等を行う。

〒102-0075
東京都千代田区三番町7番13号　三番町パークマンション101
電話番号：050-3700-2299　　E-mail：ohno@ohnocpa.jp

【主要著書】『実務に役立つQ&A中小会社における戦略的役員報酬と税務』（大蔵財務協会、共著）、『激変する既存住宅ビジネスと税制活用』（清文社、共著）、『収益認識の税務と会計の実務』（税務経理協会、共著）、『誰も教えてくれなった月次決算の実務Q&A』（中央経済社、共著）、『誰も教えてくれなかった実地棚卸の実務Q&A』（中央経済社、共著）、『個人間の利益移転の税務』（大蔵財務協会、共著）、『関係会社間取引における利益移転と税務』（大蔵財務協会、共著）

著者との契約により検印省略

令和3年2月1日　初 版 発 行

知識ゼロからプロセスがわかる！
税理士のための
中小企業M&A基礎講座

著　者　大　野　貴　史
発 行 者　大　坪　克　行
印 刷 所　美研プリンティング株式会社
製 本 所　牧製本印刷株式会社

発 行 所　〒161-0033　東京都新宿区
下落合2丁目5番13号
株式会社　税務経理協会
振替　00190-2-187408
電話　(03) 3953-3301（編集部）
FAX　(03) 3565-3391
(03) 3953-3325（営業部）
URL　http://www.zeikei.co.jp/
乱丁・落丁の場合は，お取替えいたします。

ISBN978－4－419－06743－4　C3034